Mihai Udrea

Glaubensfundament: Ein Handbuch des evangelischen Glaubens. Vol. 1

Mihai Udrea

Glaubensfundament: Ein Handbuch des evangelischen Glaubens. Vol. 1

Martin Luther und das Licht des Evangeliums

Fromm Verlag

Imprint

Any brand names and product names mentioned in this book are subject to trademark, brand or patent protection and are trademarks or registered trademarks of their respective holders. The use of brand names, product names, common names, trade names, product descriptions etc. even without a particular marking in this work is in no way to be construed to mean that such names may be regarded as unrestricted in respect of trademark and brand protection legislation and could thus be used by anyone.

Cover image: www.ingimage.com

Publisher:
Fromm Verlag
is a trademark of
Dodo Books Indian Ocean Ltd. and OmniScriptum S.R.L publishing group

120 High Road, East Finchley, London, N2 9ED, United Kingdom
Str. Armeneasca 28/1, office 1, Chisinau MD-2012, Republic of Moldova, Europe
Printed at: see last page
ISBN: 978-613-8-37791-7

Vorwort

Ich hatte das Privileg, evangelische Theologie im Rahmen des Studiengangs für Protestantische Theologie an der „*Lucian Blaga-Universität*" in Hermannstadt zu studieren. Bereits während meines Studiums hatte ich das Vergnügen und die Ehre, in verschiedenen kleineren Gemeinden Siebenbürgens Teile von Gottesdiensten zu übernehmen oder diese ganz zu leiten. Mir wurde früh bewusst, dass auch rumänischsprachige Gläubige an den Gottesdiensten teilnahmen, die allerdings oftmals keine umfassenden Deutschkenntnisse vorweisen konnten. Diese sprachliche Barriere zog auch in anderen Bereichen Diskussionen, Fragen und vieles mehr nach sich, die sich um den evangelischen Glauben und die Evangelische Kirche A.B. in Rumänien drehten.

Nach Abschluss meines Theologiestudiums entschloss ich mich, den Weg des Vikariats einzuschlagen. Nun diene ich als Pfarrvikar in einer der größten Gemeinden unserer Landeskirche, wo ich sowohl hier als auch in der Diaspora feststelle, dass es viele rumänischsprachige Gemeindemitglieder gibt. Unsere Kirche, ehemals Volkskirche der Siebenbürger Sachsen, hat sich im Laufe der Geschichte zu einer Diasporakirche gewandelt.

Obwohl sie einst als „Kirche der Siebenbürger Sachsen" galt, hat sie sich mit der Zeit auch über den Karpatenbogen hinaus ausgebreitet und ist nun ein Zuhause für Gläubige unterschiedlicher Herkunft. Der kontinuierliche Rückgang der Mitgliederzahlen der EKR schmerzt mich zutiefst.

Glücklicherweise beherrsche ich *grosso modo* die deutsche Sprache, doch das trifft nicht auf alle zu. Die Verkündigung von Gottes Wort, die Verwaltung der Sakramente, die Seelsorge und Diakonie, die kirchliche Bildungsarbeit, das

Jugendwerk, die ökumenische Zusammenarbeit – all dies und viel mehr leistet die EKR und ist von zentraler Bedeutung.

Ausgehend von dieser Erkenntnis habe ich mich dazu entschlossen, das Buch „*Glaubensfundament: Ein Handbuch des evangelischen Glaubens*" zu verfassen. Es macht den evangelischen Glauben sowohl in deutscher Sprache, als auch in rumänischer Sprache zugänglich. Das Werk ist in drei Bände gegliedert. Der erste Band beleuchtet auf knappe und prägnante Weise Martin Luther. Der zweite Band widmet sich der Geschichte der Evangelischen Kirche Augsburger Bekenntnis in Rumänien. Er stellt das Augsburger Bekenntnis von 1530 vor und überträgt dieses wichtige Dokument in die rumänische Sprache. Im dritten Band habe ich wichtige Gebete aus unserem Evangelischen Gesangbuch und anderen Quellen, einschließlich eigener Gebete, auch in rumänischer Sprache zusammengetragen. Aspekte des Kirchenjahres, des Gottesdienstes und Erläuterungen zu Begriffen wie „*evangelisch*", „*lutherisch*" und „*protestantisch*" werden dargestellt. Lieder, begleitet von QR-Codes für die musikalische Untermalung, vervollständigen die häusliche Andacht. Weitere Themen wie Konfirmation, Ökumene und die Beschaffenheit von Gottesdiensträumen werden ebenfalls behandelt.

Durch dieses Buch möchte ich unseren Glauben sowohl den Interessierten innerhalb als auch außerhalb unserer Kirche näherbringen und aufzeigen, dass:

> *Die Evangelische Kirche A.B. in Rumänien lebt aus dem Wort Gottes und den Sakramenten in der Gemeinschaft der einen, heiligen, allgemeinen und apostolischen Kirche. Sie weiß sich verbunden mit den christlichen Kirchen in Rumänien und in aller*

Welt. Sie praktiziert eucharistische Gastfreundschaft, d.h. alle getauften Christen sind zum Abendmahl eingeladen. Sie zeugt durch ihr ganzes Leben davon, dass in Christus die Verschiedenheit der Menschen versöhnt ist und sie in einem einzigen Leib verbunden sind:
«Denn ihr alle, die ihr auf Christus getauft seid, habt Christus angezogen. Hier ist nicht Jude, noch Grieche, hier ist nicht Sklave, noch Freier, hier ist nicht Mann, noch Frau; denn ihr seid alle eins in Christus Jesus. » (Galater 3, 27f)

***

Das Buch „*Glaubensfundament: Ein Handbuch des evangelischen Glaubens*“ erhebt nicht den Anspruch, auf akademischem Niveau zu sein; es kann auch Fehler enthalten oder an manchen Stellen ergänzungsbedürftig sein. Ich habe das Buch in meiner Freizeit geschrieben, vorwiegend nachts und zwischen meinen anderen Verpflichtungen. Das dritte Band soll im Frühjahr 2024 veröffentlicht werden. Wie bereits betont, dient das Buch – welches ein Handbuch ist – dem häuslichen Gebrauch und richtet sich an Interessierte sowie an weitere Zielgruppen.

Cuvânt înainte

Am avut privilegiul de a studia teologia evanghelică în cadrul programului de Teologie Protestantă la Universitatea „Lucian Blaga” din Sibiu. Deja pe parcursul studiilor mele, am avut plăcerea și onoarea de a prelua sau chiar de a conduce părți din serviciile divine în diverse comunități mici din Transilvania.

Mi-am dat repede seama că la aceste servicii divine participă și credincioși vorbitori de limba română, care adesea nu aveau cunoștințe ample de limba germană.

După finalizarea studiilor mele de teologie, am decis să urmez calea vicariatului. Acum servesc ca preot capelan într-una dintre cele mai mari parohii ale bisericii noastre, unde constat, că atât aici cât și în diaspora, sunt mulți membri ai comunității vorbitori de limbă română. Biserica noastră, odinioară biserica comunității săsești din Transilvania (Volkskirche), s-a transformat de-a lungul istoriei într-o biserică a diasporei (Diasporakirche). Deși cândva era cunoscută ca „Biserica Săsească din Transilvania”, s-a răspândit în timp dincolo de arcul carpatic și este acum un cămin pentru credincioși de diferite origini. Declinul continuu al numărului de membri ai Bisericii Evanghelice mă doare profund. Din fericire, stăpânesc destul de bine limba germană, dar acest lucru nu se aplică tuturor.

Proclamarea Cuvântului lui Dumnezeu, administrarea sacramentelor, îngrijirea sufletească și diaconia, munca educațională a bisericii, lucrul cu tineretul, cooperarea ecumenică – toate acestea și multe altele sunt prestate de Biserica Evanghelică C.A. din România și sunt de o importanță centrală.

Din aceste considerente, am hotărât să scriu cartea „Fundamentul Credinței: Un manual al credinței evanghelice”, care face confesiunea evanghelică accesibilă și în limba română.

Cartea este împărțită în trei volume. Prima parte a cărții iluminează într-un mod succint și concis viața și activitatea lui Martin Luther. Al doilea volum al cărții se dedică istoriei Bisericii Evanghelice de Confesiune Augustană din România, prezintă Confesiunea de la Augsburg din 1530 și se străduiește să traducă acest document important și în limba română. În al treilea volum sunt incluse rugăciuni importante din Cartea de Cântări a bisericii noastre și din alte surse, inclusiv rugăciuni proprii, în limba română. Aspecte ale anului bisericesc, ale serviciului divin, precum și clarificări ale termenilor „evanghelic", „luteran", „protestant" sunt pe scurt explicate. Cântece, însoțite de coduri QR pentru acompaniament muzical, completează devoțiunea casnică. Se abordează și alte subiecte precum confirmarea, ecumenismul și structura unei Biserici.

Prin această carte, doresc să aduc mai aproape credința noastră atât celor interesați în cadrul bisericii noastre, cât și din afara ei, și să demonstrez că:

> *Biserica Evanghelică C.A. din România trăiește din Cuvântul lui Dumnezeu și din sacramente în comuniunea unei singure, sfinte, universale și apostolice biserici. Este în comuniune cu bisericile creștine din România și din întreaga lume. Practică ospitalitatea euharistică, adică toți creștinii botezați sunt invitați la Cina Domnului. Ea mărturisește prin întreaga sa viață că în Cristos diferența dintre oameni este reconciliată și ei sunt uniți într-un singur trup: « Toți care ați fost botezați pentru Hristos v-ați îmbrăcat cu Hristos.Nu mai este nici iudeu, nici grec; nu mai este nici rob, nici slobod; nu mai este nici parte bărbătească, nici*

parte femeiască, fiindcă toți sunteți una în Hristos Isus. » (Galateni 3, 27-28)

***

Cartea „*Fundamentul credinței: Un manual al credinței evanghelice*” nu are pretenția nivelului academic necesitând poate completări în unele locuri. Am scris cartea în timpul meu liber, în principal noaptea și între alte obligații ale mele.

Inhaltsverzeichnis

TEIL IN DEUTSCHER SPRACHE

Cuprins

SECȚIUNEA ÎN LIMBA ROMÂNĂ

TEIL IN DEUTSCHER SPRACHE

Martin Luther und das Licht des Evangeliums

Er hat zu dir gesprochen, und du zu Ihm
(In Memoriam Martin Luther)

In Freuden denk ich an dich,
wann immer ich aufschlage,
die Seiten deines Katechismus.
Du hattest den Mut,
die Welt zu erschüttern,
im Namen des Rufes
zur Vernunft,
den Er dir sandte,
mit einem Blitz,
Dein Vater,
du, durch das Feld der Suche streifend...

Er sprach mit dir,
und du antwortetest Ihm,
im Lichte dessen,
durch welches
sein Volk schreiten wird...
M.U

1- Einleitung

„*Wie bekomme ich einen gnädigen Gott?*“[1] Dies ist eine fundamentale Frage, die Martin Luther vor über einem halben Jahrtausend stellte und die bis heute im Zentrum der evangelisch-lutherischen Theologie steht. Für Luther entwickelte sich diese Frage aus einer tiefen persönlichen Krise heraus, denn die Kirchenlehre seiner Zeit bot ihm keine zufriedenstellende Antwort auf das Problem der menschlichen Sündhaftigkeit und der göttlichen Gerechtigkeit.

In seiner intensiven und theologisch fundierten Beschäftigung mit der Heiligen Schrift gelangte Martin Luther zu einer Erkenntnis, die sich mit der Wucht eines Blitzes in das Bewusstsein der christlichen Welt einbrannte und deren Strukturen bis in die heutige Zeit tiefgreifend und dauerhaft prägt: Menschen erreichen aus eigener Kraft niemals die Vollkommenheit, die Gott von ihnen erwartet. Die Reformatoren waren überzeugt, dass nicht menschliche Werke, sondern allein die Gnade Gottes den Weg weisen müsse.

---

[1] Lohse, Bernhard: Martin Luther. Eine Einführung in sein Leben und sein Werk, München, 1997, S. 38

Diese grundlegende These der Rechtfertigung fand Luther in klaren und kraftvollen Worten, die er häufig gebrauchte, den sogenannten „*Sola-Aussagen*":

Sola gratia: Nur durch Gnade werden wir Teil von Gottes Plan. Diese Zuwendung Gottes, die Luther im Kleinen Katechismus als eine Annehmung „*aus reiner väterlicher und göttlicher Güte und Barmherzigkeit*" beschreibt, erwartet keine Gegenleistung. Die Gnade, die nach Luther „*extra nos*" ist, also „*außerhalb von uns*" wirkt, entzieht sich unserer Kontrolle und ist eine reine Gabe, die empfangen, aber nicht erzeugt werden kann. Sie schenkt den Menschen jedoch die Freiheit, in ihrer Gewissheit der göttlichen Annahme, Liebe weiterzugeben und dadurch zu einem Kanal göttlicher Gnade zu werden. Keine Sünde ist so groß, dass sie die Übermacht der Gnade übertrumpfen könnte:

> *Das Gesetz aber ist neben eingekommen, auf daß die Sünde mächtiger würde. Wo aber die Sünde mächtig geworden ist, da ist doch die Gnade viel mächtiger geworden.*[2]

Sola fide: Einzig durch Glauben wird die Verbindung zu Gott hergestellt. Luther sah hierin eine Parallele zu Abraham, von dem es heißt, er sei „*allein*

---

[2] Römer 5,20

durch den Glauben" gerecht geworden (Röm 4,9). Nach lutherischer Auffassung ist sogar die Kapazität, sich Gott hinzugeben, ein Akt göttlicher Gnade.

Sola scriptura: Allein die Schrift ist die Quelle und Norm des Glaubens. Die Reformatoren sahen in ihr die ausschließliche Offenbarung göttlicher Gerechtigkeit, die den Menschen zu Glauben befähigt, ohne dass zusätzliche kirchliche Auslegungen nötig wären. Für Luther entfalten die biblischen Texte, inklusive der Sakramente wie Taufe und Abendmahl - das „*visibile verbum*", also das sichtbare Wort, als eine transformative Kraft.

Solus Christus: Nur Christus ist der Weg zur Erlösung. Er allein hat die Ketten von Sünde und Tod gesprengt. Als der Mittler, durch den Gott zu den Menschen trat, befreit Christus nach Luther aus allen weltlichen und geistlichen Fesseln (1.Tim 2,5), und macht so jede weitere Vermittlung überflüssig.

In diesem Geist der Reform gestaltete Luther eine Theologie, die nicht nur die kirchliche Praxis seiner Zeit revolutionierte, sondern auch eine bleibende Herausforderung für den Glauben in unserer heutigen Welt darstellt.

3.

In unserer heutigen Zeit, die von ständigem Wandel und einer Flut von Informationen geprägt ist, scheint die Frage nach dem gnädigen Gott in den Hintergrund zu treten. Gesellschaftliche Bestrebungen konzentrieren sich zunehmend auf materiellen Erfolg, sozialen Status und das Streben nach einem ausgewogenen und zufriedenen Leben. Dieses Streben kann manchmal dazu führen, dass Gott als irrelevant betrachtet wird oder in Vergessenheit gerät. Der Mensch vergisst dabei leicht, dass er in einer andauernden Beziehung zu Gott steht und dass dieses Verhältnis die Grundlage des menschlichen Daseins ist. Das Streben nach einem Leben ohne Rechenschaft gegenüber dem Schöpfer vernachlässigt eine wesentliche Wahrheit: dass jedes Leben letztlich vor Gott Verantwortung tragen muss.[3]

Luthers Erkenntnis, dass der Zugang zu Gott nicht durch Werke, sondern durch den Glauben erfolgt, eröffnete einen neuen Weg, diese uralte Frage zu beantworten. Seine Theologie hat nicht nur den christlichen Glauben tiefgreifend beeinflusst, sondern auch das individuelle Selbstverständnis und die gesellschaftlichen Strukturen seiner Zeit.

Die Reformation setzte eine Bewegung in Gang, die zu einer umfassenden Erneuerung des christlichen Lebens und Verständnisses führte. Diese Erneuerung betraf nicht nur das individuelle Seelenheil, sondern auch

[3] Die Notwendigkeit der Rechenschaft vor Gott ist ein wiederkehrendes Thema in Luthers Schriften. Vergleiche zum Beispiel mit Luthers Vorrede zum Römerbrief.

die Art und Weise, wie Glaube in der Gemeinschaft gelebt wurde – ein Christsein, das sich nicht in Ängsten verliert, sondern in der Gewissheit der Liebe und Gnade Gottes.

2- Biographische Annäherung und wichtige Wirkungsetappen

Kindheit

Martin Luther, ursprünglich Martin Luder[4] genannt, erblickte am 10. November 1483 das Licht der Welt in Eisleben. Sein Vater Hans Luder, der einer Bauernfamilie entstammte, zog aus Möhra (im Thüringer Wald) nach Eisleben, um dort in den Bergwerken zu arbeiten. Seine Mutter, Margarethe, möglicherweise geborene Lindemann, kam aus Neustadt an der Saale.[5] Nicht lange nach Martins Geburt zog die Familie nach Mansfeld, wo Hans bessere Arbeitsmöglichkeiten vorfand. Luther schildert seinen Vater als einen ehrbaren und strengen Mann, seine Mutter als eine fromme und ebenso strenge

---

[4] Den Namen ‚Luther' gab sich vermutlich Martin um 1512 selbst
Vgl. *Horst Herrmann*, Martin Luther. Ketzer und Reformator, Mönch und Ehemann. München 1999, S. 14

[5] Ihre Herkunft aber wird auch mit den Zieglers in Verbindung gebracht, einer Familie, die aus der Gegend um Eisenach stammt.
Vgl. Heussi, Karl: Kompendium der Kirchengeschichte, Tübingen, 1991, S.279

Erzieherin, was seine Kindheit prägend und stellenweise bitter gestaltete.[6]

Jugend

In Mansfeld erhielt Luther seine erste Schulbildung an der dortigen Lateinschule. Die wirtschaftliche Situation der Familie verbesserte sich im Laufe der Zeit, was Martin ermöglichte, im Jahr 1497 das Bildungsangebot der renommierten Schule der „*Brüder vom gemeinsamen Leben*“ in Magdeburg zu nutzen. Ein Jahr später setzte er seine Ausbildung an der städtischen Pfarrschule in Eisenach fort, wo er neben Latein auch eine musikalisch-poetische Bildung erhielt. In dieser Zeit kam er in Kontakt mit dem Franziskanerorden und wurde mit der Gebets- und Lesegemeinschaft von Mönchen und Bürgern vertraut.[7]

Studium

1501 begann Luther an der Universität Erfurt zu studieren, womit er dem Wunsch seines Vaters nachkam, der für ihn eine Laufbahn als Jurist vorsah. Zuerst widmete er sich

---

[6] Vgl. Gretzschel, Matthias: Auf den Spuren von Martin Luther, Hamburg, 2017, S. 21

[7] Vgl. Heussi, Karl: Kompendium der Kirchengeschichte, Tübingen, 1991, S.279

den sieben freien Künsten[8], die die Grundlage des mittelalterlichen Bildungssystems darstellten. Im Jahr 1502 erlangte Luther das Bakkalaureat und damit den ersten akademischen Grad. Drei Jahre später, 1505, wurde er zum Magister Artium promoviert. Im selben Jahr nahm er auf Drängen seines Vaters das Jurastudium auf, doch sollte diese Laufbahn nicht von langer Dauer sein.

Das Blitz-Erlebnis[9]

Am 2. Juli 1505 hatte Martin Luther, nachdem er seine Eltern in Mansfeld besucht hatte, ein Erlebnis, das seinen weiteren Lebensweg maßgeblich beeinflussen sollte. Auf dem Rückweg nach Erfurt wurde er bei Stotternheim von einem heftigen Unwetter überrascht. Ein Blitz schlug in seiner Nähe ein, und der Schock des Ereignisses warf ihn zu Boden. Von Todesangst erfüllt, rief er die Heilige Anna an – die Mutter Marias und Schutzpatronin der Bergleute – und gelobte, im Falle seiner Rettung ins Kloster zu gehen:

---

[8] Die sieben freien Künste bestanden aus dem Trivium (Grammatik, Rethorik, Dialektik bzw. Logik) und aus dem *Quadrivium* (Arithmetik, Geometrie, Musik und Astronomie).

[9] Ähnlich wie das Gewitter soll Luther damals aber auch der unerwartete Tod eines Freundes berührt und zu diesen Schritt bewogen haben. Eindeutig ist nur dass er am 17. Juli 1505, in das Augustiner-Eremiten-Kloster in Erfurt eintrat.

Siehe zu den Kontroversen um Luthers Beweggründe auch: *Dietrich Emme*, Martin Luthers Weg ins Kloster. Eine wissenschaftliche Untersuchung in Aufsätzen. Regensburg 1991, S. 15-29.

Heilige Anna, hilf! Lässt Du mich leben, so will ich ein Mönch werden.

Mönchsleben und Theologiestudium

Entgegen der Wünsche und Pläne seines Vaters, die eine juristische Laufbahn vorsahen, hielt Luther an seinem Gelübde fest und trat in den strengen Orden der Augustiner-Eremiten in Erfurt ein. Das klösterliche Leben, dem sich Luther nun unterzog, war von Strenge und Askese geprägt – eine Kombination aus intensivem Gebet, Arbeit und ausgedehnten Fastenzeiten. Zudem wurde die Zeit im Kloster von umfangreichen biblischen Studien und der Pflege der Enthaltsamkeit bestimmt. 1506 legte er sein feierliches Mönchsgelübde ab, und im Jahr 1507 empfing er die Priesterweihe. In derselben Periode begann Luther sein Theologiestudium, das die Grundlage für seine späteren theologischen Erkenntnisse und Schriften legen sollte.[10]

---

[10] Als erstes Indiz für den suchenden Theologen nach einen Verhältnis zu Gott, kann man schon am 2. Mai 1507 bei seiner ersten Messe, finden:

> *Als ich in Erfurt die erste Messe feierte und die Worte las >>Ich opfere Dir, dem lebendigen, einzigen Gott>>, entsetzte ich mich derart, dass ich vom Altar weglaufen wollte, und ich hätte es getan, wenn nicht mein Prior mich zurückgehalten hätte. Denn ich dachte: Wer ist der, mit dem du redest? Von der Zeit an habe ich mit großem Entsetzen Messe gelesen und danke Gott, dass er mich daraus erlöset hat.*

Die Romreise

Luthers zunehmende Zuverlässigkeit und Kompetenz weckten großes Vertrauen bei seinen Vorgesetzten, was dazu führte, dass er im Jahr 1510 mit der Klärung einer Angelegenheit seines Klosters nach Rom gesandt wurde.[11] Das Pilgerabenteuer begann für Luther im Winter jenes Jahres.

Rom, die Stadt der Päpste und Heiligen, war das Sehnsuchtsziel aller gläubigen Menschen des Mittelalters.[12]

Auch Luther selbst war erfüllt von Neugier und hohen Erwartungen, als er zusammen mit einem Ordensbruder in Rom eintraf. Tief ergriffen warf er sich zu Boden und rief aus: „*Sei mir gegrüßt, du heiliges Rom!*“[13] Er besichtigte Kirchen und Klöster, erforschte die Katakomben und Paläste. Doch seine Aufmerksamkeit galt nicht der bildenden Kunst, der blühenden Renaissance oder den antiken Monumenten – Luther war auf der Suche nach dem religiösen und geistlichen Leben Roms.

Leider wurde er von dem, was er in Rom vorfand, enttäuscht. Das vorherrschende Chaos, die Unordnung, die

---

(Luther, Martin in Gretzschel, Matthias: Auf den Spuren von Martin Luther, Hamburg, 2017, S. 38-39)

[11] Die Romreise wurde entweder im Spätherbst oder Winter durchgeführt Vgl. Heussi, Karl: Kompendium der Kirchengeschichte, Tübingen, 1991, S.279

[12] Ibidem, S.242

[13] Eißner, Tina, Martin Luther-Der Mann der Stunde,https://martin-luther.at/vom-kind-zum-moench/, (Letztes Abrufdatum: 14.12.2019)

flüchtig zelebrierten Messen und die Praxis des Ablasses hinterließen bei Luther einen bitteren Beigeschmack:

Durch einen kurz vorher veröffentlichten Erlaß war vom Papst allen denen Ablaß verheißen worden, die auf den Knien die «Pilatusstiege» hinaufrutschen würden, von der gesagt wird, unser Heiland sei darauf herabgestiegen, als er das römische Gerichtshaus verließ, und sie sei durch ein Wunder von Jerusalem nach Rom gebracht worden[14]

Er musste mit anhören, wie römische Kleriker das Sakrament der Eucharistie – in dem sich nach katholischer Lehre die Wandlung von Brot und Wein in den Leib und das Blut Christi vollzieht – längst nicht mehr ernst nahmen und wie alles in Rom aus dem Ruder zu laufen schien.

Doktor der Theologie

Im Jahr 1512 ernannte die Universität Wittenberg Martin Luther zum Doktor der Theologie, eine Auszeichnung, die seine akademische Laufbahn maßgeblich prägte. Mit

---

[14] Ranke, „Geschichte im Zeitalter der Reformation", 8.Auflage, I 200
Luther erklomm eines Tages andächtig diese Treppe, als plötzlich eine donnerähnliche Stimme zu ihm zu sagen schien: „*Der Gerechte wird seines Glaubens leben!*" (Römer 1,17). In Scham und Schrecken sprang er auf und floh von dieser Stätte. Jene Bibelstelle verlor nie ihre Wirkung auf seine Seele. Von jener Zeit an sah er deutlicher als je zuvor die Täuschung, auf Menschenwerke zu vertrauen, um Erlösung zu erlangen, und ebenso deutlich sah er die Notwendigkeit eines unerschütterlichen Glaubens an die Verdienste Christi. Seine Augen waren geöffnet worden, um nie wieder verschlossen zu werden. Als er Rom den Rücken kehrte, hatte er sich auch in seinem Herzen von Rom abgewandt, und von jener Zeit an wurde die Kluft immer tiefer, bis er schließlich alle Verbindung mit der päpstlichen Kirche abschnitt.

diesem Titel verbunden war die Übernahme der Bibelprofessur an der gleichen Universität. In den darauffolgenden Jahren in Wittenberg widmete sich Luther mit großer Hingabe der Erforschung des Evangeliums, getrieben von der Frage, die ihn bereits als Mönch umtrieb: „*Wie finde ich einen gnädigen Gott?*"

In seiner Rolle als Universitätsprofessor wurde Luther 1514 auch zum Prediger an der Wittenberger Stadtkirche berufen. In dieser Funktion war er nicht nur für die akademische Lehre, sondern auch für das seelische Wohl seiner Gemeindemitglieder verantwortlich. Er musste jedoch feststellen, dass immer weniger Gläubige den Weg zur Beichte fanden. Stattdessen reisten sie in benachbarte Städte, um Ablassbriefe zu erwerben, die ihnen, nach damaliger Auffassung, eine schnellere Vergebung ihrer Sünden versprachen. Der Handel mit diesen Dokumenten blühte aufgrund finanzieller Engpässe der katholischen Kirche auf, die in der Folge die Vergebung von Sünden kommerzialisierte und verkaufte.[15] Insbesondere der Mönch Johann Tetzel war bekannt dafür, dass man bei ihm nicht nur für die eigenen Sünden Ablass erlangen, sondern auch für die der Verstorbenen bezahlen konnte. Zeitgenössische Sprüche wie „*Wenn das Geld im Kasten klingt, die Seele in den*

---

[15] 1515 erstellt Papst Leo X die „Ablassbulle" für das Neubau des Petersdom in Rom

Himmel springt“[16] spiegelten diese Praxis wider und erregten Luthers Unmut zutiefst.

Turmerlebnis

Im Jahr 1515 erlebte Martin Luther während der Vorbereitung seiner Vorlesungen eine tiefgreifende Erleuchtung, als er sich mit den Konzepten der „*Gerechtigkeit*“ und des „*Gerechtseins*“ im Brief des Paulus an die Römer beschäftigte. Während er über diese Begriffe nachdachte, kam ihm die Erkenntnis, dass die göttliche Gerechtigkeit darin liegt, dass Christus die Menschen rechtfertigt und erlöst. Die entscheidenden Verse des Römerbriefs, die ihm die Augen öffneten, lauten:

> Denn ich schäme mich des Evangeliums nicht; denn es ist eine Kraft Gottes, die da selig macht alle, die daran glauben; zuerst die Juden, aber auch die Griechen. Denn darin wird offenbart die Gerechtigkeit Gottes, die durch Glauben wirkt, von Anfang bis Ende; wie geschrieben steht: «Der Gerechte wird aus Glauben leben.»[17]

16

> *Wenn einer Geld in den Kasten legt für eine Seele im Fegfeuer, sobald der Pfennig auf den Boden fiel und klünge, so führe die Seele heraus gen Himmel.*
>
> (Luther, EA, XXVI 69f., „Wider Hans Wurst“)

17 Römer 1,16-17

Diese Offenbarung hatte Luther nach eigener Aussage in der Einsamkeit seines Studierzimmers im Turm des Wittenberger Klosters. Diese Einsicht öffnete ihm die Türen zu einer neuen Weltanschauung: Er fand die Antwort auf die quälende Frage nach einem gnädigen Gott. Zudem erkannte er, dass der Weg zur Errettung aus dem ewigen Höllenfeuer nicht durch Werke, sondern allein durch den Glauben zu finden sei.

Die 95 Thesen und der Ablassstreit: Beginn der Reformation

Die Praxis des Ablasshandels erreichte einen kritischen Punkt, der nicht länger ignoriert werden konnte. Trotz Martin Luthers eindringlicher Predigten gegen die vorherrschenden Missstände und seinen schriftlichen Appellen an seine kirchlichen Vorgesetzten über die Problematik, führten seine Bemühungen zu keiner Veränderung. In einem entscheidenden Schritt veröffentlichte Luther am 31. Oktober 1517 seine 95 Thesen, indem er sie an die Tür der Schlosskirche in Wittenberg anbrachte. Diese Thesen waren als Einladung zu einer gelehrten Diskussion über den Ablasshandel gedacht und nicht als Aufruf zu einer kirchlichen Revolution. Luther sah sich selbst als einen Fürsprecher der Kirche und zielte darauf ab, einen Missbrauch der kirchlichen Praxis, speziell durch niedere Instanzen, zu bekämpfen. Sein kritischer Standpunkt gegenüber dem Ablass war dabei bereits deutlich:

> *Die Thesen waren keineswegs als ein Aufruf zu einer kirchlichen Umwälzung gedacht: Luther fühlte sich als Anwalt der Kirche und meinte nur gegen einen Missbrauch des Ablasses durch untergeordnete kirchliche Instanzen zu kämpfen. Im Grunde vermochte er schon damals am Ablass in keiner Form mehr festzuhalten.*[18]

Seine Aufforderung zur Diskussion fand jedoch zunächst keine offene Antwort. Niemand schien bereit zu sein, sich der Herausforderung einer Debatte zu stellen. Trotz fehlender direkter Erwiderung verbreiteten sich Luthers Thesen rasch in gedruckter Form und fanden Anklang bei humanistischen Gelehrten und einigen Fürsten, stießen aber gleichzeitig auf entschiedenen Widerstand in verschiedenen Bereichen der katholischen Kirche.

Die reformatorische Entdeckung und der darauf folgende Ketzerprozess (1518 – 1519)

Die Reaktion der Bischöfe auf Martin Luthers Thesen ließ nicht lange auf sich warten. Sie informierten den Papst über den „*Rebellen*“, wie Luther nun betitelt wurde, und forderten Luthers Oberen auf, seinen Einfluss zu begrenzen. Luther fühlte sich daraufhin veranlasst, seine Thesen durch zusätzliche Schriften weiter zu untermauern und zu klären. Im Jahr 1518 stellte er klar, dass es sein

---

[18] Vgl. Heussi, Karl: Kompendium der Kirchengeschichte, Tübingen, 1991, S.281

Anliegen sei, lediglich bestehende Missstände zu korrigieren, und nicht, das Papsttum zu destabilisieren. Trotzdem war die Entwicklung nun nicht mehr zu stoppen.

Johann Tetzel, ein energischer Verfechter des Ablasshandels, antwortete auf Luthers Herausforderung mit eigenen Gegenthesen. Luther konterte geschickt mit seiner Schrift „*Sermon von Ablaß und Gnade*" und entkräftete so Tetzels Argumente.

In der Zwischenzeit verfasste Johann Eck seine „*Adnotationes*", interne Anmerkungen zu Luthers 95 Thesen, die unbeabsichtigt in Luthers Hände fielen und bald spöttisch als „*Obelisci*" bezeichnet wurden. Luther reagierte darauf mit seinen „*Asterisci*", die als geistreiche Erwiderung dienten. Eck zog durch den Vergleich Luthers mit Jan Hus[19] die Aufmerksamkeit auf das Problem, das Luther nun für die Kirche darstellte.

Im Jahr 1518 wurde der Ketzerprozess gegen Luther in Rom eingeleitet. Luthers „*Resolutiones*", eine

---

[19] Jan Hus, ein böhmischer Theologe des frühen 15. Jahrhunderts, widerstand während des Konzils von Konstanz im Jahre 1415 der Aufforderung, seine Lehren zu widerrufen. Seine Standhaftigkeit führte zu seiner Verurteilung und Verbrennung als Ketzer. Hus kritisierte die Praxis der Fürbitte durch Maria und die Heiligen und betrachtete die Kirche primär als eine geistliche Gemeinschaft statt einer institutionellen Macht. Er argumentierte, dass die geistliche Führung das Evangelium verkünden und die Sakramente verwalten solle, und verurteilte die mangelnde Gottesfurcht und Frömmigkeit der Priester seiner Zeit. Statt eines institutionell verstandenen Papsttums vertrat er die Ansicht, dass wahre Autorität aus dem Verhalten und nicht aus dem Amt resultiere. Hus war ein vehementer Gegner der Lehre von der unbegrenzten Autorität des Papstes und betonte die Bibel als den einzigen Maßstab für religiöse Wahrheit, eine Ansicht, die zu den zentralen Prinzipien der späteren Reformation zählen sollte.

detaillierte Verteidigung seiner Thesen, rief größere Empörung hervor als erwartet. In dieser prekären Zeit sicherte ihm Friedrich der Weise, Kurfürst von Sachsen, heimlich seinen Beistand zu.[20]

Reichstag zu Augsburg, 1518

Die Kurie bestand darauf, dass Luther in Rom angehört werden sollte, doch dank der politischen Umstände im Reich – der Kaiser war verstorben und die Wahl eines Nachfolgers stand an – gelang es Friedrich dem Weisen, eine Anhörung Luthers auf deutschem Boden zu erwirken. Es wurde vereinbart, dass Luther beim Reichstag in Augsburg im Jahr 1518 seine Position darlegen sollte.

Im Herbst 1518 fand im Fuggerpalast in Augsburg die Befragung Martin Luthers durch Kardinal Cajetan statt, die sich über drei Tage erstreckte. Luther weigerte sich, seine 95 Thesen zu widerrufen, indem er die Übereinstimmung seiner Thesen mit der Heiligen Schrift betonte. Als ihm die Verhaftung drohte, entzog sich Luther dieser durch Flucht aus Augsburg. Kurfürst Friedrich der Weise wies Cajetans Gesuch zurück, Luther auszuliefern.

---

[20] Vgl. Heussi, Karl: Kompendium der Kirchengeschichte, Tübingen, 1991, S.282

Die Leipziger Disputation. Eck versus Luther. 1519

Im Jahr 1519 unternahm Karl von Miltitz, ein päpstlicher Nuntius, den Auftrag, Luthers Auslieferung durch den Kurfürsten zu erreichen. Er versuchte, Friedrich den Weisen mit der „*Goldenen Rose*“, einem ehrenvollen Geschenk, zu beeinflussen, was misslang. Der Kurfürst hielt weiterhin schützend seine Hand über Luther. Miltitz erzielte lediglich eine Zusage Luthers zum Schweigen, unter der Bedingung, dass auch seine Widersacher schweigen würden - ein Abkommen, das jedoch nicht von Dauer sein sollte, wie die Leipziger Disputation von 1519 zeigen würde.

Die Leipziger Disputation sollte ursprünglich die Themen menschliche Willensfreiheit und göttliche Gnade behandeln, wobei Andreas Karlstadt und Johann Eck die Hauptkontrahenten sein sollten. Jedoch rückte bald eine Auseinandersetzung zwischen Eck und Luther in den Mittelpunkt, die sich um die Notwendigkeit des päpstlichen Primats für das Heil drehte.

> *Eck trieb Luther zu der Ablehnung der heilbringenden Notwendigkeit des päpstlichen Primats und zu der Aussage, dass einige der von Hus in Konstanz 1415 verurteilten Thesen durchaus evangelisch seien. Damit stempelte Eck Luther öffentlich zum Ketzer. Der Streit um den Ablasshandel hatte sich zu einem*

grundlegenden und umfassenden Gegensatz zu den Fundamenten der römischen Kirche entwickelt.[21]

Während Eck formal als Sieger aus der Disputation hervorging, erntete Luther Anerkennung als „*der Ketzer*" und konnte die Sympathie der Humanisten, einschließlich Philipp Melanchthon, eines zukünftigen Freundes und Mitarbeiters, gewinnen.

Luthers Hauptschriften und der Bruch mit Rom, 1520

Im Angesicht wiederholter Angriffe durch die römische Kurie sah sich Martin Luther im Jahr 1520 veranlasst, seine theologischen Überlegungen zu konkretisieren und eine eigenständige Theologie zu entwickeln. In diesem Jahr verfasste er drei zentrale reformatorische Schriften: „*An den christlichen Adel deutscher Nation von des christlichen Standes Besserung*" im August, „*De captivitate Babylonica ecclesiae praeludium*" im Oktober und „*Von der Freiheit eines Christenmenschen*" im November. Diese Werke kennzeichnen symbolisch Luthers geistige Loslösung von der römischen Kirche, eine Trennung, die sich bald auch offiziell manifestieren sollte.

Noch im selben Jahr, 1520, belebte die römische Kirche den Ketzerprozess gegen Luther neu und

[21] Ibidem, S.283

formulierte die Bannandrohungsbulle „*Exsurge Domine*", die Luther aufforderte, seine Lehren zu widerrufen.[22]

Luther reagierte auf die Verbrennung seiner Schriften durch das kirchliche Establishment mit einer ebenso symbolträchtigen Geste: Am 10. Dezember 1520 verbrannte er öffentlich die päpstliche Bannandrohungsbulle zusammen mit weiteren katholischen Kirchenwerken, was seinen endgültigen Bruch mit der Kirche von Rom deutlich machte.

Der Konflikt eskalierte weiter, als Papst Leo X. am 3. Januar 1521 die Bannbulle „*Decet Romanum Pontificem*" gegen Luther aussprach und ihn damit offiziell exkommunizierte.

In dieser angespannten Lage sah der neue, junge Kaiser Karl V. sich durch die weitverbreitete Unterstützung für Luther im Reich und den Druck der Kurfürsten gezwungen, Luther eine Anhörung zu gewähren. Er lud Luther zum Reichstag nach Worms ein und sicherte ihm freies Geleit zu. Dieses Ereignis sollte zu einem entscheidenden Moment in der Geschichte der Reformation werden.

---

[22] Die Bannandrohungsbulle verurteilte 41 Sätze Luthers als häretisch, gebot die Verbrennung sämtlicher Schriften Luthers und forderte ihm in 60 Tagen seine Lehre zu widerrufen.

Reichstag zu Worms, 1521

Am 18. April 1521 erhielt Martin Luther während des Reichstags zu Worms die letzte Gelegenheit, seine Lehren zu widerrufen. Luther lehnte jedoch einen Widerruf ab, mit der Begründung, dass niemand ihm nachweisen konnte, dass seine Theologie im Widerspruch zur Heiligen Schrift stünde:

> *Wenn ich nicht durch Zeugnisse der Schrift und klare Vernunftgründe überzeugt werde; denn weder dem Papst noch den Konzilien allein glaube ich, da es feststeht, daß sie öfter geirrt und sich selbst widersprochen haben, so bin ich durch die Stellen der heiligen Schrift, die ich angeführt habe, überwunden in meinem Gewissen und gefangen in dem Worte Gottes. Daher kann und will ich nichts widerrufen, weil wider das Gewissen etwas zu tun weder sicher noch heilsam ist. Gott helfe mir, Amen!*[23]

Er soll immer und immer wieder folgendes gesagt haben:

> *Hier stehe ich. Ich kann nicht anders. Gott helfe mir! Amen.*[24]

---

[23] Martin Luther in Ebert, Martin, 500 Jahre Reformation. Martin Luther, https://www.luther.de/legenden/blitz.html ,(LetztesAbrufdatum: 14.12.2019)

[24] Heussi, Karl: Kompendium der Kirchengeschichte, Tübingen, 1991, S.285

Daraufhin erließ der junge Kaiser Karl V. das Wormser Edikt, welches darauf abzielte, Luthers Lehre zu verbieten und die Verfolgung Luthers sowie seiner Anhänger zu ermöglichen.

Die Wartburgzeit und die Rückkehr nach Wittenberg

Nachdem Luther den Verhandlungssaal verlassen hatte, soll er erleichtert ausgerufen haben: „Ich bin hindurch!" Er wurde nicht verhaftet, da ihm ein Schutzbrief 21 Tage freies Geleit zusicherte. Am 25. April trat Luther die Rückreise an und wurde am 4. Mai auf Geheiß des Kurfürsten Friedrich des Weisen „*entführt*".[25] Luther fand Zuflucht auf der Wartburg, einem abgelegenen Ort, wo er zehn Monate unter dem Pseudonym „*Junker Jörg*" lebte. In dieser Zeit gelang es ihm, innerhalb von nur elf Wochen das Neue Testament aus dem Griechischen ins Deutsche zu übersetzen.[26]

---

[25] Man geht jedoch davon aus, dass Luther vorher, über diesen Plan wusste.

[26] Martin Luthers Übersetzung des Neuen Testaments wurde 1522 veröffentlicht, bekannt als das „*September Testament*". Diese Übersetzung trug wesentlich zur Verbreitung der reformatorischen Ideen bei, indem sie den Zugang zur Bibel in der Muttersprache erheblich erleichterte. Nach seiner Rückkehr nach Wittenberg setzte Luther seine Übersetzungsarbeit fort und begann mit der Übersetzung des Alten Testaments, das in Teilen ab 1523 erschien und schließlich als Teil der vollständigen Bibelübersetzung, der „*Lutherbibel*", im Jahr 1534 veröffentlicht wurde. Diese Übersetzung beeinflusste *de facto* die Entwicklung der deutschen Sprache und Literatur.

Unterdessen wurden die reformatorischen Ideen in Wittenberg, das zum Zentrum der Reformation geworden war, auch in die Tat umgesetzt. Philipp Melanchthon legte 1521 mit seinem Werk „*Loci communes*" den Grundstein für die Formulierung der lutherischen Lehre und präsentierte eine präzise Theologie. In Wittenberg heirateten zwei Priester im Jahr 1521 demonstrativ und veränderten dadurch auch die Liturgie des Gottesdienstes. Die Reformation war voller Energie und brachte Veränderungen mit sich.

Karlstadt, ein Anhänger Luthers, wurde zum Anführer der Reformation in Wittenberg und begann, in Übertreibungen zu verfallen. Unter seiner Führung kam es beispielsweise zu Ausschreitungen von „*Bilderstürmern*", wodurch die Situation außer Kontrolle geriet. Daher entschloss sich Luther im Jahr 1522, nach Wittenberg zurückzukehren. Er brachte die reformatorische Bewegung, die ins Radikale abgedriftet war, wieder auf ein gemäßigteres Niveau. Zwischen 1522 und 1524 intensivierte sich Luthers Predigttätigkeit. Er reiste durch ganz Deutschland, um den Menschen das Evangelium zu verkünden und zu erläutern. In dieser Zeit verfasste er „*Von der weltlichen Obrigkeit, wie weit man ihr Gehorsam schuldig ist*"[27] und ließ sich durch die

---

[27] Die 1523 erschienene Schrift von Luther ist eine Auseinandersetzung über das Verhältnis von Christen zur weltlichen Obrigkeit. In Form eines Dialoges geschrieben, geht es um die Frage, inwieweit die Ausübung weltlicher Herrschaft mit christlichem Glauben vereinbar sei?

Predigtreisen dazu inspirieren, „*Von der Ordnung des Gottesdiensts in der Gemeinde*“ (1523) sowie die „*Formula missae*“ (Form der Messe, 1523) zu schreiben, um den Gottesdienst während der Reformation neu zu gestalten. 1524 versuchte Luther mit seiner Schrift „*An die Ratsherrn aller Städte deutschen Landes, dass sie christliche Schulen aufrichten und halten sollen*“, eine Neuordnung des Schulwesens anzuregen.

Luther und der Bauernkrieg, 1524-1525

Während des Bauernkrieges von 1524 bis 1525 sahen sich viele Bauern durch Martin Luthers Forderung nach einer Reform der Kirche inspiriert und glaubten, er würde auch ihre sozialen und wirtschaftlichen Forderungen unterstützen. Luther selbst vertrat jedoch die Ansicht, dass geistliche Reformen nicht mit politischer oder wirtschaftlicher Auflehnung einhergehen sollten. Er kritisierte die Gewalttaten der Bauern scharf und rief die Obrigkeiten auf, die Ordnung wiederherzustellen. Diese Haltung brachte ihm die Ablehnung vieler Bauern ein, die zuvor auf seine Unterstützung gehofft hatten.

Im Mai 1525 wurden die Bauernaufstände blutig niedergeschlagen. Thomas Müntzer, ein radikaler Reformator und zeitweiliger Weggefährte Luthers, wurde nach der Niederlage der aufständischen Bauern gefangen genommen und hingerichtet.

Heirat mit Katharina von Bora, 1525

Martin Luther heiratete am 27. Juni 1525 Katharina von Bora, eine ehemalige Nonne, die zwei Jahre zuvor mit anderen Nonnen aus dem Kloster Marienthron geflohen war. Ihre Heirat wurde kontrovers diskutiert, insbesondere wegen Katharinas Status als ehemalige Nonne und wegen des Zeitpunkts der Heirat während des Bauernkrieges. Trotz dieser Kontroversen fand das Hochzeitsfest statt, und die Gemeinde von Wittenberg zeigte ihre Unterstützung durch großzügige Geschenke, unter anderem 20 Silbergulden und ein Fass Bier.[28] Obwohl das Paar zu Beginn ihrer Ehe finanzielle Schwierigkeiten hatte, fanden sie Unterstützung bei Freunden und wurden später von Johann dem Beständigen, dem Kurfürsten von Sachsen, unterstützt, der ihnen das ehemalige Augustinerkloster als Wohnsitz überließ. Martin und Katharina Luther hatten insgesamt sechs Kinder, drei Söhne und drei Töchter, die alle in Wittenberg zur Welt kamen.

Weitere Wirkungsetappen zwischen den Zeiträume 1525 -1545

Im Zeitraum von 1525 bis 1545 setzte Martin Luther seine tiefgreifenden Reformen fort, die das Kirchen-, Gemeinde- und Gottesdienstwesen betrafen. Besonders

[28] Vgl. Brecht, Martin, Martin Luther, Stuttgart, 1986, S.198

bedeutend war dabei die Einführung des Abendmahls in beiderlei Gestalt. 1529 erschienen Luthers „*Kleiner Katechismus*“ und „*Großer Katechismus*“, die zur Unterweisung im christlichen Glauben dienten. Zudem veröffentlichte Luther das „*Klugsche Gesangbuch*“ und schuf 1527 den berühmten Choral „*Ein feste Burg ist unser Gott*“.

Der erste Reichstag zu Speyer im Jahr 1526 eröffnete Luther und seinen Anhängern die legale Möglichkeit, ihre Reformen durchzusetzen, indem die Entscheidungsgewalt den Landesfürsten übertragen wurde.

Der zweite Reichstag zu Speyer im Jahr 1529 versuchte hingegen, das Wormser Edikt wieder in Kraft zu setzen. Als Reaktion darauf kam es zur „*Protestation zu Speyer*“, bei der evangelische Fürsten und Reichsstädte gegen die Reichsacht über Luther und für die freie Ausbreitung des evangelischen Glaubens einstanden – ein Ereignis, das als Geburtsstunde des Protestantismus gilt.

Der Augsburger Reichstag von 1530 war von großen Hoffnungen auf Seiten der Reformatoren begleitet. Wegen der politischen Brisanz theologischer Streitfragen wurden sie vom Kaiser eingeladen, ihre Lehren darzulegen. Dies führte zur Formulierung der „*Confessio Augustana*“ (*Augsburger Bekenntnis*), die hauptsächlich von Melanchthon verfasst wurde, aber Luthers Zustimmung fand. Luther selbst konnte wegen der Reichsacht nicht nach Augsburg reisen und unterstützte seine Freunde von der Veste Coburg aus mit schriftlichem Rat. Die Confessio Augustana wurde dem Kaiser am 25. Juni präsentiert, welcher jedoch nur die katholische

Antwort, die „*Confutatio Pontificia*“, annahm. Melanchthons nachfolgende Verteidigung, die „*Apologie der Confessio Augustana*“, wurde nicht akzeptiert. In Reaktion auf die ablehnende Haltung des Reichstags gründeten die protestantischen Stände den „*Schmalkaldischen Bund*“, ein Verteidigungsbündnis gegen katholische Gebiete.

Am 23. Juli 1532 wurde schließlich der „*Nürnberger Religionsfrieden*“ erklärt, welcher eine vorläufige rechtliche und friedliche Koexistenz der verschiedenen Konfessionen ermöglichte (ein bedeutender Schritt für die Reformation).

Luther setzte seine Reformen fort und stand bis zu seinem Lebensende den Gegnern der Reformation gegenüber. Er war sich seiner körperlichen Schwäche bewusst und äußerte kurz vor seinem Tod:

Ich bin schwach, ich kann nicht mehr.[29]

Martin Luther verstarb am 18. Februar 1546 in Eisleben, nicht ohne zuvor gesagt zu haben:

In Deine Hände befehle ich meinen Geist.
Du hast mich erlöst, Herr, Du treuer Gott.[30]

---

[29] Brecht, Martin, Martin Luther, Stuttgart, 1986, S.205
[30] Ebd., S.210

Konfessionelle Konflikte und Kompromisse (1532-1555)

Nach dem Nürnberger Religionsfrieden von 1532, der die evangelische Lehre vorläufig anerkannte, blieb die religiöse Lage im Heiligen Römischen Reich angespannt.

Martin Luther war unermüdlich in seinen Bemühungen, die Lehren und organisatorischen Strukturen der evangelischen Kirche zu festigen. In dieser Zeit verfasste er unter anderem die „*Schmalkaldischen Artikel*" (1537), in denen er die Grundzüge des evangelischen Glaubens darlegte. Diese Schriften waren als klare Stellungnahme gegenüber der katholischen Kirche gedacht und sollten auf einem geplanten Konzil vorgelegt werden, welches jedoch nie zustande kam.

Die zunehmenden Spannungen führten schließlich zum Schmalkaldischen Krieg (1546-1547). Der Krieg brach aus, nachdem der Schmalkaldische Bund, ein Verteidigungsbündnis der protestantischen Fürsten und Städte, von Kaiser Karl V. angegriffen wurde. Obwohl der Krieg mit einer Niederlage der protestantischen Kräfte und der Gefangennahme von wichtigen Führern wie dem sächsischen Kurfürsten Johann Friedrich und dem Landgrafen Philipp von Hessen endete, erwies sich der Konflikt als Wendepunkt, der langfristig zur Anerkennung des Protestantismus beitrug.

Der Passauer Vertrag von 1552[31], der nach den

---

[31] Der Passauer Vertrag (1552): Ein vorläufiges Abkommen, das den evangelischen Fürsten nach dem Schmalkaldischen Krieg Religionsfreiheit zusicherte.

langwierigen Auseinandersetzungen geschlossen wurde, markierte den Anfang vom Ende des konfessionellen Konfliktes im Reich. Die Vereinbarung räumte den evangelischen Fürsten weitreichende Zugeständnisse ein, einschließlich der Freilassung der gefangenen Fürsten und der Zusicherung von Religionsfreiheit, was einen Schritt hin zur Legalisierung der Reformation bedeutete.

Der Prozess mündete schließlich im Augsburger Religionsfrieden von 1555.[32] Der Frieden war ein historischer Kompromiss, der mit dem Prinzip „*Cuius regio, eius religio*"[33] das religiöse Bekenntnis der Untertanen der Entscheidung ihres Landesherrn unterstellte. Dieser Frieden bedeutete nicht nur das Ende der kriegerischen Auseinandersetzungen zwischen Katholiken und Protestanten, sondern auch eine wichtige rechtliche Anerkennung der Reformation. Trotz weiterhin bestehender Konflikte legte er das Fundament für ein Nebeneinander der verschiedenen Konfessionen im Heiligen Römischen Reich.

---

[32] Der Augsburger Religionsfrieden (1555): Ein Vertrag, der die rechtliche Gleichstellung des Luthertums mit dem Katholizismus im Heiligen Römischen Reich anerkannte.

[33] „*Cuius regio, eius religio*": „*Wessen Gebiet, dessen Religion.*"

3- Kurzer Annäherungsversuch an einige Aspekte von Luthers Theologie

Das 16. Jahrhundert: Zwischen Ende und Neuanfang

Martin Luther, geboren am Ende des 15. Jahrhunderts und wirkmächtig am Anfang des 16. Jahrhundert, stand im Zentrum einer Welt voller Spannungen und Konflikte.

Er erlebte *quasi* den Umbruch vom Mittelalter zur Neuzeit, eine Epoche geprägt von bahnbrechenden Erfindungen und der Entfaltung eines neuen Weltbildes.[34]

> *Nur aus dieser Spannung zwischen Mittelalter und Neuzeit kann man Luther verstehen. Er war ein Mensch seiner Zeit, nicht unserer Zeit.*[35]

In einer Ära des Wandels, die viele Veränderungen zum Neuen und zum Guten bereithielt, schien die Kirche seiner Zeit moralisch zu verfallen. Vor Luther hatte Jan Hus angeprangert, dass die Geistlichen ihrer wahrhaften und heiligen Berufung zu dienen, nachkamen und

[34] Beispielsweise das heliozentrische Weltbild von Kopernikus im Gegensatz zum geozentrischen Weltbild von Ptolemäus.

[35] Vgl. Kasper, Walter: Martin Luther. Eine ökumenische Perspektive, Mannheim, 2016, S.15

stattdessen Gott durch Gewinnsucht und Heuchelei verhöhnten und die Kirche in Misskredit brachten.

Ein signifikantes Merkmal jener Ära war das Aufkommen des *Renaissance-Humanismus*. Der Leitspruch „*ad fontes*", also „*zurück zu den Quellen*", inspirierte auch Luther, der dadurch den Weg zurück zur Bibel fand. Es entstand der *Bibelhumanismus*, welcher das Studium der Bibel nicht durch die Linse der *Scholastik*[36], sondern in ihren ursprünglichen Sprachen – *Hebräisch* und *Griechisch* – forderte, um sie unvoreingenommen übersetzen zu können. Anfänglich war Luther ein Anhänger von Erasmus von Rotterdam, doch schließlich kam es zwischen ihnen zu bedeutenden Differenzen, besonders im Hinblick auf die Frage des „*freien Willens*".[37]

---

[36] Vgl. Kasper, Walter: Martin Luther. Eine ökumenische Perspektive, Mannheim, 2016, S.17

[37] *Grosso modo* argumentierte Erasmus in „*De libero arbitrio*" (1524), dass Gott den Menschen mit einem freien Willen ausgestattet hat, der die Auswahl zwischen Gut und Böse ermöglicht. Der Gläubige sollte sich an die Vorgaben für ein tugendhaftes Leben halten und aus der Bibel die positiven Lehren extrahieren. Erasmus erkannte allerdings auch „*dunkle Stellen*" in der Bibel an, für deren Verständnis er die hermeneutische Tradition der Kirche als notwendig erachtete.

Luther hingegen erwiderte in seiner Schrift „*De servo arbitrio*", dass die Bibel kein „*obskures Buch*" sei, sondern vielmehr ein klares, dessen Verständnis sich aus seinem Kern – Jesus Christus – erschließt. Für Luther war es entscheidend, dass der menschliche Wille, obwohl er frei ist zwischen Gut und Böse zu wählen, nur durch die Gnade Gottes wirksam wird.

Geistige Sicherheit – unkäuflich und unveräußerlich

Und Jesus ging zum Tempel Gottes hinein und trieb heraus alle Verkäufer und Käufer im Tempel und stieß um der Wechsler Tische und die Stühle der Taubenkrämer und sprach zu ihnen: Es steht geschrieben: "Mein Haus soll ein Bethaus heißen"; ihr aber habt eine Mördergrube daraus gemacht.[38]

Die kritische Auseinandersetzung mit den kirchlichen Praktiken seiner Zeit war ein zentrales Anliegen Martin Luthers. Die Szene aus dem Neuen Testament, in der Jesus die Händler und Käufer aus dem Tempel vertreibt, warf ein Schlaglicht auf die Verhältnisse in der Kirche von Luthers Zeit. Es stand geschrieben: „*Mein Haus soll ein Bethaus heißen*“, doch in der Realität hatte sich die Kirche weit von diesem Ideal entfernt. Sie hatte die göttliche Gnade zu einem Handelsgut degradiert, wobei der Handel mit Ablassbriefen zu einem besonders verwerflichen Beispiel wurde.

Die Institution des Ablasses hat eine lange Tradition in der katholischen Kirche. Der Begriff „*Indulgenz*“ (indulgentia) bezieht sich auf einen Gnadenakt, der nach kirchlicher Lehre zur Erlassung

[38] Matthäus 21,12

zeitlicher Sündenstrafen im Fegefeuer dient. Eng verbunden mit Konzepten wie Sünde, Buße, Reue, Umkehr und Vergebung, hatte sich der Ablass zu einem Kommerz gewandelt, der Luthers tiefes Missfallen erregte. Der Verkauf von Ablassbriefen, gedacht als Mittel zur Finanzierung des Petersdoms in Rom, wurde pervertiert: Sie wurden wie Ware angeboten, als könnten sie Sündenvergebung für Lebende und Tote erkaufen.

Johannes Tetzel, der von Rom entsandte Verkaufsagent, wurde zur Symbolfigur dieses Missbrauchs. Er preiste die Ablässe als göttliche Gabe und verhieß vollständigen Sündenerlass durch den Kauf eines Zettels – ein Vorgang, der dem Wesen christlicher Buße widersprach. Als Luther schließlich Tetzels Behauptung hörte, dass mit dem Klingen des Geldes im Kasten eine Seele aus dem Fegefeuer erlöst würde, war sein Entsetzen komplett.

Am 31. Oktober 1517 reagierte Luther mit dem Anschlagen seiner 95 Thesen an die Tür der Schlosskirche in Wittenberg. Diese sollten Grundlage einer Disputation sein, um die aufgekommenen Missstände zu diskutieren, doch zu einer solchen Auseinandersetzung kam es nie. Luther kritisierte vor allem die Annahme, dass der Papst in der Lage sein sollte, nach menschlichem Ermessen den Schatz der Kirche zu verwalten und nach Belieben Gnade und Vergebung zu verteilen. Dies stellte Luther in der 58. These seiner Schrift heraus.

Luther betonte die Notwendigkeit einer wahrhaften Buße, die sich nicht durch ein von der Kirche verwaltetes Sakrament manifestierte, sondern eine tiefe innere und äußere Umkehr darstellte, wie sie Jesus mit „*Tut Buße*" gefordert hatte. Die Thesen 94 und 95 forderten die Christen dazu auf, nicht durch den Kauf von Ablassbriefen eine trügerische Sicherheit zu erlangen, sondern durch das authentische Nachfolgen von Jesus Christus wahre geistliche Sicherheit und Trost zu finden.

Martin Luthers Hauptschriften und der Bruch mit Rom (1520)

Im Jahr 1520 veröffentlichte Martin Luther drei prägnante Schriften, die dazu beitrugen, ihn geistig und theologisch von der römisch-katholischen Kirche zu distanzieren. Diese Texte stellten nicht nur eine fundamentale Kritik an den kirchlichen Zuständen seiner Zeit dar, sondern legten auch die Grundsteine für das, was als die protestantische Reformation bekannt werden sollte.

Die erste dieser Schriften, „*An den christlichen Adel deutscher Nation von des christlichen Standes Besserung*", ist von herausragender Bedeutung. In dieser appelliert Luther an die deutschen Fürsten, sich für eine Reform der Kirche einzusetzen. Er kritisiert die kirchliche Struktur und legt die Idee dar, dass alle Getauften ein allgemeines Priestertum bilden. Damit fordert er die Aufhebung der etablierten Hierarchie zwischen Klerus und Laien und fordert die Laien auf, eine aktivere Rolle in kirchlichen Angelegenheiten zu übernehmen.[39]

Die zweite Schrift, „*Von der babylonischen Gefangenschaft der Kirche*", stellt Luthers radikale Kritik an der Sakramentenlehre dar. Er hinterfragt die Legitimität der sieben Sakramente, die die katholische Kirche lehrte, und argumentiert, dass nur die Taufe, die Buße und das Abendmahl direkt aus der Bibel abgeleitet werden können. Am Ende der Schrift sagt er, dass es in Prinzip nur zwei Sakramente geben könne: Taufe und Abendmahl. Durch diese Reduzierung der Sakramente untergräbt Luther die Macht der Kirche und betont die unmittelbare Beziehung zwischen dem Gläubigen und Gott.

Die dritte Abhandlung, „*Von der Freiheit eines Christenmenschen*", entstand als Reaktion auf die päpstliche Bannandrohungsbulle „*Exsurge Domine*". In diesem Traktat entfaltet Luther seine Lehre von der Rechtfertigung allein durch den Glauben. Er postuliert, dass die Christen in einem paradoxen Zustand der Freiheit und Dienerschaft leben: Frei von der Sünde durch den Glauben und gleichzeitig Diener Gottes und der Nächsten durch die Liebe. Diese Schrift signalisiert einen Wendepunkt in der Kirchengeschichte, indem sie das

---

[39] Die Schrift gliedert sich in drei Hauptteile: 1. Drei Mauern, die die „Romanisten" um sich errichtet haben, um Reformen zu verhindern; 2. einen Plan für ein zukünftiges Konzil; 3. sechsundzwanzig (oder siebenundzwanzig) Reformartikel.

Unter „Romanisten" versteht man: Die Auffassung, der geistliche Stand stehe über dem weltlichen; die Ansicht, dass nur der Papst die Bibel auslegen dürfe; die Überzeugung, dass nur der Papst ein Konzil einberufen könne, und darüber hinaus das Recht habe, die Beschlüsse eines Konzils zu bestätigen oder deren Bestätigung zu verweigern.

individuelle Gewissen über kirchliche Autoritäten stellt und die persönliche Glaubensbeziehung betont.

In allen drei Schriften manifestiert sich Luthers Überzeugung, dass wahre geistliche Autorität nicht in kirchlichen Strukturen oder sakramentalen Handlungen, sondern im Wort Gottes und im Glauben des Einzelnen zu finden ist. Sie markieren den Anfang eines neuen Zeitalters in der westlichen Christenheit und den unwiderruflichen Bruch mit der kirchlichen Tradition des Mittelalters.

Zur Theologie Luthers im engeren Sinne

In Luthers theologischem Denken sind die Ursprünge seiner revolutionären Perspektive bereits in seinen frühen Vorlesungen erkennbar. Die erste *Psalmvorlesung* von 1513 zeigt, wie Luther die hermeneutischen Methoden neu definierte. Statt sich auf die gängige Einteilung in buchstäbliche und allegorische Interpretationen zu verlassen, differenzierte er zwischen „*spiritus*" (Geist) und „*litera*" (Buchstabe), eine Unterscheidung, die tiefer in die Kontraste zwischen *Gesetz* und *Evangelium* griff.

Der Begriff „*Substantia*" wurde von ihm in einem relationalen Sinne verwendet; für Luther war die Substanz eines Dinges das, was es im Kontext menschlichen Lebens bedeutet. Ein Beispiel: „*Die Substanz des Reichen ist sein Reichtum.*" Diese Perspektive ist nicht ontologisch fundiert, sondern in der gelebten Existenz des Menschen.

Luthers ekklesiologische Auffassungen zeigten sich in einer frühen Form in seiner Kritik an der Kurie, deren Lebensstil er als Gegensatz zum idealen Zustand der Kirche betrachtete, die ein „*hospitalis infirmorum*" – ein Hospital für die Kranken – sein sollte, im Gegensatz zu einem „*palatium sanctorum*" – einem Palast für die Heiligen. Die Ekklesiologie wird somit zu einem zentralen Punkt seiner Theologie. Das theologische Anliegen, das ihn umtrieb, war die Frage „*Quomodo fiam misericors Deus?*" (*Wie erlange ich einen gnädigen Gott?*).

Diese Abkehr von der mittelalterlichen Scholastik und die Orientierung hin zu einem tieferen Verständnis des freien Willens, das auf Gnade ausgerichtet ist, zeigt deutliche Parallelen zu Augustinus und dessen Ansichten über die Unfähigkeit des menschlichen Willens, Gerechtigkeit ohne göttliche Gnade zu erreichen.

Die Entwicklung von Luthers reformatorischen Ideen zeigte sich weiter in der Abkehr von aristotelischen Prinzipien in der Theologie:

> *Error est, quod sine Aristotele theologus non potest esse.*

Es ist ein Irrtum zu sagen, dass man ohne Aristoteles kein Theologe sein kann, meinte Luther und stellte sich damit gegen die damalige akademische Norm.

Die theologische Ansicht fußte auf *Okhamismus* und anderen zeitgenössischen Strömungen, mit einem starken Fokus auf die Schrift (*sola scriptura*).

Die *Theologie des Kreuzes* ist ein fundamentaler Aspekt von Luthers Denken und steht im Gegensatz zur *Theologie der Herrlichkeit*, wie sie in der Scholastik verbreitet war. Luther verstand die Theologie des Kreuzes als eine Sichtweise, die in der Leidenserfahrung Christi am Kreuz und seiner anschließenden Auferstehung zentral für das christliche Leben und Verständnis ist.

Sie kontrastiert die Theologie der Herrlichkeit, die oft als eine Fokussierung auf die Macht, die Vernunft und das sichtbare Erfolgsstreben in der Welt charakterisiert wird. Für Luther manifestiert sich Gott in der Schwäche und im Leiden, nicht in menschlicher Stärke und Weisheit.

***

Bezüglich der Abendmahlslehre nahm Luther eine einzigartige Position zwischen der katholischen *Transsubstantiation* und den symbolischen Interpretationen der Reformatoren wie Zwingli ein.

Die Realpräsenz Christi im Abendmahl ist für Luther durch die Worte Christi „*Das ist mein Leib... das ist mein Blut*“ gewährleistet, welche bei der Feier des Sakraments wiederholt werden.

Luthers Lehre von der *Realpräsenz* durch *Konsubstantiation* stellt einen Mittelweg dar. Dies bedeutet, dass er die tatsächliche Gegenwart Christi im Brot und Wein des Abendmahls bejahte, jedoch ohne die philosophischen Erklärungen der *Transsubstantiation* zu akzeptieren. Luther lehnte die Idee ab, dass die Substanzen von Brot und Wein aufhören zu existieren und stattdessen in Leib und Blut Christi transformiert werden, wie es die katholische Kirche lehrte. Stattdessen glaubte er, dass *Christi Leib* und *Christi Blut* *„in, mit und unter“* den Gestalten von Brot und Wein präsent sind, ohne dass eine wesentliche Verwandlung der Elemente stattfindet.

Interessant ist, dass Luther den Begriff „*Konsubstantiation*“ selbst nie verwendete. Er bevorzugte stattdessen den Ausdruck „*sakramentale Union*“, um seine Sichtweise zu beschreiben. Er betonte, dass es ein Geheimnis sei, wie diese Gegenwart Christi im Abendmahl zustande kommt, und dass Gläubige darauf vertrauen müssen, dass diese auf Christi Versprechen beruht.

In Luthers Sicht ist der „Glaube“ ein entscheidendes Element, ohne den das Sakrament nicht die Rechtfertigung vermitteln kann. Die Abendmahlslehre wird somit in seinem Denken mit der Rechtfertigungslehre verknüpft, wobei das Abendmahl ein Sakrament ist, das Zeichen, Bedeutung und den Glauben der Empfangenden umfasst. Das äußerliche Zeichen ist nicht nur ein Symbol, sondern die Erscheinungsform und das materielle Element, durch das Gott seine Gnade übermittelt.

***

In der lutherischen Theologie ist der „*dreifache Gebrauch des Gesetzes*“ ein Konzept, das beschreibt, wie das göttliche Gesetz in verschiedenen Weisen im Leben der Menschen und in der Welt wirkt. Martin Luther selbst hat diese Idee, die ursprünglich von Philipp Melanchthon weiterentwickelt wurde, in seinen Schriften ausgearbeitet und genutzt, um zu erklären, wie das Gesetz und das Evangelium zusammenwirken, um das Heil des Menschen zu fördern. Hier sind die drei Gebrauchsweisen des Gesetzes mit Luthers Gedanken dazu:

1. Usus politicus oder civilis (Zivil- oder politischer Gebrauch): Luther erkannte an, dass das Gesetz eine wesentliche Rolle in der Gesellschaft spielt. Es dient dem Gemeinwohl, indem es äußere Ordnung und Gerechtigkeit durch seine Gebote und Verbote schafft. Durch diese Funktion werden Ungerechtigkeit und sündhaftes Verhalten eingeschränkt. Luther verstand, dass das Gesetz, auch wenn es nicht das Herz des Menschen verändern kann, dennoch für die Erhaltung der weltlichen Ordnung unentbehrlich ist.
2. Usus elenchticus oder pedagogicus (Überführender oder pädagogischer Gebrauch): Luther sah das Gesetz auch als einen Spiegel, der den Menschen ihre Sünde vor Augen führt. Dieser Gebrauch des Gesetzes entlarvt unsere Unfähigkeit, Gottes Anforderungen aus eigener Kraft zu erfüllen, und führt uns zur Erkenntnis unserer Sündhaftigkeit und der Notwendigkeit der Erlösung. Diese Funktion des Gesetzes ist entscheidend, um den Sünder zur Reue zu bewegen und ihn auf das Evangelium von der Gnade Gottes vorzubereiten.
3. Usus didacticus oder normativus (Lehrender oder normativer Gebrauch): Schließlich spricht Luther davon, dass das Gesetz für diejenigen, die bereits durch den Glauben gerechtfertigt sind, eine Richtschnur darstellt. Für die Gläubigen wird das Gesetz zu einer Anleitung für ein Leben, das Gott gefällt. Es zeigt ihnen, wie sie in Dankbarkeit für die empfangene Gnade leben sollten. In diesem Sinne ist das Gesetz nicht länger eine Last, sondern eine Hilfe zur Heiligung im täglichen Leben.

Luther sah diese drei Gebrauchsweisen des Gesetzes nicht als gegensätzlich oder unabhängig voneinander, sondern als dynamisch miteinander verknüpft. Sie alle dienen dem Zweck, die Menschen zur Erlösung in Christus zu führen und ihnen zu helfen, in der Freiheit des Evangeliums zu leben. Es ist wichtig zu betonen, dass Luther die Bedeutung des Gesetzes nicht herunterspielte, sondern dass er seinen richtigen Platz im Kontext der Erlösung durch Christus erklärte.

3- Schlussplädoyer

Martin Luthers Theologie, tief verwurzelt in der Überzeugung, dass die Bibel die ultimative Autorität für christlichen Glauben und Praxis darstellt, revolutionierte das religiöse Denken seiner Zeit und legte den Grundstein für die Reformation. Seine Lehre bildet das Fundament der lutherischen Überzeugungen und betont die Souveränität der Schrift, die Zentralität des Glaubens, die Notwendigkeit der Gnade, die Einzigartigkeit Christi und die Herrlichkeit Gottes.

Martin Luthers Auffassung von Theologie als eine vitale Kraft, die das Herz des Gläubigen durchdringt, findet Ausdruck in seinen eigenen Worten:

> *O, es ist ein lebendig, schäftig, tätig, mächtig Ding um den Glauben.*

Diese Worte zeugen von einem Glaubensverständnis, das weit entfernt ist von passiver

Zustimmung oder bloßer Tradition. Glaube ist nach Luther eine kraftvolle, aktive und lebendige Präsenz im Leben eines Christen, eine Präsenz, die durch Handeln, Stärke und Leidenschaft charakterisiert wird.

Eine Auseinandersetzung mit Luther fordert unweigerlich dazu auf, eigene Standpunkte zu überdenken und neu zu bewerten, nicht nur in Bezug auf die religiösen und weltanschaulichen Fragen des 16. Jahrhunderts, sondern auch im Kontext der Herausforderungen unserer Zeit. Das Thema *Martin Luther* und die Reformation ist von tiefgreifender und beständiger Relevanz, berührt es doch das fundamentale Verhältnis zwischen Gott und Mensch. Luther, unbestritten die Schlüsselfigur der Reformation, hat mit seiner charismatischen Persönlichkeit und seiner Sprachmacht einen bleibenden Eindruck hinterlassen. Er hat nicht nur die Irrwege der Kirche aufgezeigt, sondern auch eine Neuausrichtung des Glaubens initiiert, indem er den Christen ein erneuertes Vertrauen in Gott schenkte.

Die Leuenberger Konkordie von 1973 markiert einen Meilenstein in der ökumenischen Annäherung zwischen den lutherischen und reformierten Kirchen, während die Gemeinsame Erklärung zur Rechtfertigungslehre, die am 31. Oktober 1999 zwischen der römisch-katholischen Kirche und dem Lutherischen Weltbund abgegeben wurde, ein bedeutendes Beispiel für den Dialog und die Konsensfindung zwischen diesen beiden christlichen Traditionen darstellt. Diese Entwicklungen unterstreichen das wachsende Bemühen um Einheit und gemeinsames Verständnis innerhalb der christlichen Ökumene.

Dieser Schritt hin zur Versöhnung könnte wohl als ein Hoffnungsschimmer gesehen werden, über den sich Martin Luther gewiss freuen würde.

Last but not least lässt sich sagen, dass die Impulse Luthers für die christliche Theologie und das individuelle Glaubensleben nach wie vor aktuell und inspirierend sind. Sein Vermächtnis lädt uns ein, den Glauben nicht als abstraktes Konzept, sondern als lebensverändernde Wirklichkeit zu begreifen, die uns dazu aufruft, unsere Beziehung zu Gott ständig zu erneuern und zu vertiefen.

„Hier stehe ich, ich kann nicht anders, Gott helfe mir. Amen." – mit dieser Standhaftigkeit, die Luther auszeichnete, sind wir aufgerufen, unseren Weg im Glauben zu gehen, in dem Vertrauen, dass Gott unsere Pfade ebnen wird, so wie es in *Sprüche 3,5-6* heißt:

> *Verlaß dich auf den HERRN von ganzem Herzen und verlaß dich nicht auf deinen Verstand; sondern gedenke an ihn in allen deinen Wegen, so wird er dich recht führen.*

Man könnte es auch mit den Worten des Augustinus ausdrücken:

Credo ut intelligam, intelligo ut credam.[40]

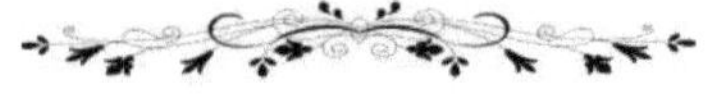

---

[40] Übersetzt heißt das:
Ich glaube, um zu verstehen; ich verstehe, um zu glauben.

***

Ach mein lieber Herr Jesus Christus, du kennst mich und all mein Versagen. Dir allein gestehe ich das aus freiem Herzen. Leider fehlen mir guter Wille und guter Vorsatz, wie ich sie wohl haben sollte. Täglich erweise ich mich als nichtsnutziger und sündiger Mensch. Du weißt, daß ich gern einen rechten guten Willen und Vorsatz haben wollte. Doch mein Feind hält mich gebunden und gefangen.

Erlöse mich armen Sünder von allem Übel und von Anfechtung nach deinem göttlichen Willen. Stärke und mehre in mir den rechten, wahren christlichen Glauben. Gib mir Gnade, meinen Nächsten von ganzem Herzen treu und wie mich selbst brüderlich zu lieben. Verleihe mir Geduld in Verfolgung und Widerwärtigkeit. Du hast einmal zu Petrus gesagt, daß er nicht nur siebenmal vergeben solle. Uns aber hast du geboten, getrost alles von dir zu erbitten. So komme ich voller Zuversicht zu dir und klage dir als dem rechten Bischof meiner Seele alle meine Not. Denn du allein weißt, wie und wann mir zu helfen ist. Dein Wille geschehe und sei ewig gelobt.

(Martin Luther, Selbsterkenntnisgebet)

SECȚIUNEA ÎN LIMBA ROMÂNĂ

Ți-a vorbit și i-ai vorbit
(In Memoriam Martin Luther)

Te regândesc cu bucurie,
ori de câte ori
deschid coperta
Catechismului tău.
Ai avut curajul
să clatini o lume
în numele chemărilor
la rațiune
pe care ți le-a trimis,
dintr-un fulger
rătăcit pe câmpuri,
Tatăl tău.

Ți-a vorbit
și i-ai vorbit
în numele Luminii
prin care va să treacă,
poporul Său…
M.U

1- Introducere

„Cum pot obține un Dumnezeu milostiv?“[41] Aceasta este o întrebare fundamentală pe care Martin Luther a pus-o în urmă cu peste jumătate de mileniu și care rămâne în centrul teologiei evanghelice luterane de astăzi. Pentru Luther, această întrebare a apărut dintr-o criză personală profundă, deoarece învățătura bisericească din timpul său nu i-a oferit un răspuns satisfăcător la problema păcătoșeniei umane și a dreptății divine.

În cursul studiului său profund și meticulos al Sfintei Scripturi dintr-o perspectivă teologică, Martin Luther a experimentat o epifanie transformatoare care s-a imprimat în conștiința creștinătății cu impactul vivace al unui trăsnet. Această revelație a avut și continuă să aibă un efect profund și persistent asupra structurilor creștine: recunoașterea că prin propriile forțe, oamenii nu pot atinge niciodată perfecțiunea pe care Dumnezeu o așteaptă de la ei. Reformatorii, având convingerea fermă că nu faptele umane, ci exclusiv grația divină poate deschide calea către mântuire, au adus o schimbare paradigmatică în înțelegerea spiritualității creștine.

Această teză fundamentală a justificării a fost exprimată de Luther în cuvinte clare și puternice, pe care le-a folosit frecvent, numite „*Enunțurile Sola*”:

Sola gratia: Doar prin grație suntem integrați în planul lui Dumnezeu. Această bunăvoință divină, pe care Luther o descrie în Micul Catehism ca o acceptare „din

[41] Lohse, Bernhard: Martin Luther. Eine Einführung in sein Leben und sein Werk, München, 1997, p. 38

pură bunăvoință părintească și divină și milostivire", nu așteaptă nicio contraprestație. Grația, care conform lui Luther operează „extra nos" - adică „dincolo de noi" - este independentă de controlul nostru și constituie un dar pur care poate fi primit, dar nu produs. Ea le oferă oamenilor libertatea de a răspândi iubirea în certitudinea acceptării divine, devenind astfel un canal al grației divine. Niciun păcat nu este atât de mare încât să depășească supremația grației:

> *Ba încă și Legea a venit pentru ca să se înmulțească greșeala, dar unde s-a înmulțit păcatul, acolo harul s-a înmulțit și mai mult*[42]

Sola fide: Doar prin credință se stabilește legătura cu Dumnezeu. Luther vedea în aceasta o paralelă cu Abraham despre care se spune că a devenit drept „*doar prin credință*" (Romani 4,9). Conform viziunii lui Luther, chiar capacitatea de a te da pe tine însuți lui Dumnezeu este un act al grației divine.

Sola scriptura: Doar Scriptura este sursa și norma credinței. Reformatorii o vedeau ca pe unică revelație a dreptății divine, care îi capacitează pe oameni pentru credință, fără a fi necesare interpretări suplimentare ale bisericii. Pentru Luther, textele biblice, inclusiv sacramentele precum Botezul și Cina Domnului - „*visibile verbum*", adică Cuvântul vizibil, acționează ca o forță transformativă.

Solus Christus: Numai Cristos este calea către mântuire. El singur a rupt lanțurile păcatului și ale morții.

---

[42] Romani 5,20

Fiind mijlocitorul prin care Dumnezeu a venit la oameni, Cristos eliberează, conform lui Luther, din toate lanțurile lumești și spirituale (1 Timotei 2,5), făcând astfel inutile orice alte mijloace de mediere.

În acest spirit de reformă, Luther a modelat o teologie care nu numai că a revoluționat practica bisericească din timpul său, dar a prezentat și o provocare de durată pentru credință în lumea noastră de astăzi.

În lumea de astăzi, care se caracterizează prin schimbare constantă și un potop de informații, întrebarea Dumnezeului milostiv pare să treacă în plan secund. Aspirațiile sociale sunt din ce în ce mai concentrate pe succesul material, statutul social și urmărirea unei vieți de prestigiu și putere. Această urmărire poate duce uneori ca Dumnezeu să fie privit ca irelevant sau să fie uitat. Oamenii uită cu ușurință că au o relație continuă cu Dumnezeu și că această relație stă la baza existenței umane. A lupta pentru o viață fără răspundere față de Creator neglijează un adevăr esențial: că fiecare ființă trebuie, în cele din urmă, să poarte responsabilitate în fața lui Dumnezeu.[43]

Conștientizarea lui Luther că accesul la Dumnezeu nu se face prin fapte, ci prin credință, a deschis o nouă cale de a răspunde la această întrebare veche. Teologia sa a influențat nu numai profund credința creștină, ci și

[43] Nevoia de a răspunde în fața lui Dumnezeu este o temă recurentă în scrierile lui Luther. Compară, de exemplu, cu prefața lui Luther în ceea ce privește Epistola lui Pavel către Romani.

imaginea de sine individuală şi structurile sociale ale timpului său.

Reforma a generat o mişcare care a dus la o reînnoire cuprinzătoare a vieţii şi înţelegerii creştine. Această reînnoire a influenţat nu numai mântuirea spirituală individuală, ci şi modul în care credinţa a fost trăită în comunitate – o viaţă creştină care nu se pierde în frici, ci în certitudinea iubirii şi harului lui Dumnezeu.

2- Date biografice şi principalele etape ale influenţei sale

Copilăria

Martin Luther, numit iniţial Martin Luder, a văzut lumina zilei pe 10 noiembrie 1483 în Eisleben. Tatăl său, Hans Luder, descendent al unei familii de ţărani, s-a mutat din Möhra în Eisleben pentru a lucra în mină. Mama sa, Margarethe, posibil născută Lindemann, provenea din Neustadt an der Saale. Nu mult după naşterea lui Martin, familia s-a relocat în Mansfeld, unde Hans a găsit oportunităţi mai bune de muncă. Luther îşi descrie tatăl ca fiind un om onorabil şi sever, iar mama ca o educatoare pioasă şi la fel de strictă, aspecte care i-au marcat copilăria, dându-i uneori un caracter aspru.

Adolescența

În Mansfeld, Luther a început să învețe la școala latină locală. Situația economică a familiei s-a îmbunătățit în timp, permițându-i lui Martin să beneficieze în 1497 de oferta educațională a prestigioasei școli a „Fraților vieții comune" din Magdeburg. Un an mai târziu și-a continuat educația la școala parohială municipală din Eisenach, unde a primit, pe lângă un studiu în limba latină, și formare muzical-poetică. În această perioadă a intrat în contact cu Ordinul Franciscan și s-a familiarizat cu comunitatea de rugăciune și lectură a călugărilor și cetățenilor.

Studiile

În 1501, Luther a început să studieze la Universitatea din Erfurt, îndeplinind astfel dorința tatălui său, care își dorea ca el să urmeze o carieră în domeniul juridic. Inițial, și-a dedicat timpul celor șapte arte liberale, care constituiau baza sistemului educațional medieval. În 1502, a obținut titlul de baccalaureus, primul grad academic. Trei ani mai târziu, în 1505, a fost promovat la titlul de Magister Artium. În același an, la insistențele tatălui său, a început studiile de drept, dar această carieră avea să nu dureze mult.

Experiența fulgerului[44]

La 2 iulie 1505, după ce și-a vizitat părinții în Mansfeld, Martin Luther a trăit o experiență care avea să aibă un impact semnificativ asupra restului vieții sale. Pe drumul de întoarcere spre Erfurt a fost surprins de o furtună violentă lângă Stotternheim. Fulgerul a lovit lângă el, iar șocul evenimentului l-a doborât la pământ. Plin de frică de moarte, a chemat-o pe Sfânta Ana - mama Mariei și ocrotitoarea minerilor - și a jurat că va merge la mănăstire dacă va fi salvat:

> *Sfântă Ana, ajută-mă! Dacă mă lași să trăiesc, voi deveni călugăr.*

Viața monahală și studiile teologice

Contrar dorințelor și planurilor tatălui său, care cereau o carieră juridică, Luther și-a respectat jurământul și a intrat în ordinul strict al pustnicilor augustinieni din Erfurt. Viața monahală în care a trecut Luther acum a fost caracterizată de severitate și asceză - o combinație de rugăciune intensă, muncă și perioade prelungite de post. În plus, timpul în

---

[44] Similar cu furtuna, se spune că moartea neașteptată a unui prieten l-a afectat pe Luther și l-a determinat să facă acest pas. Singurul lucru care este clar este că a intrat în mănăstirea pustnicească augustiniană din Erfurt la 17 iulie 1505.
Despre controversele legate de motivele lui Luther, vezi și: *Dietrich Emme*, Martin Luthers Weg ins Kloster. Eine wissenschaftliche Untersuchung in Aufsätzen. Regensburg 1991, p. 15-29.

mănăstire a fost determinat de ample studii biblice și de practica abstinenței. În 1506 a depus jurămintele monahale solemne, iar în 1507 a fost hirotonit preot. În aceeași perioadă, Luther și-a început studiile teologice, care aveau să pună bazele descoperirilor și scrierilor sale teologice ulterioare.[45]

Călătoria la Roma

Fiabilitatea și competența crescândă a lui Luther a inspirat o mare încredere în rândul superiorilor săi, ceea ce l-a determinat să fie trimis la Roma în 1510 pentru a rezolva o problemă referitoare la mănăstirea sa. Aventura de pelerinaj a lui Luther a început în iarna acelui an.

> *Roma, orașul papilor și al sfinților, a fost destinația mult dorită de toți credincioșii din Evul Mediu.*[46]

---

[45] Primul indiciu pentru teologul care caută o relație cu Dumnezeu poate fi găsit la 2 mai 1507 la prima sa liturghie:

> *Când am oficiat prima mea Liturghie la Erfurt și am citit cuvintele "Îți aduc jertfă Ție, Dumnezeului cel viu și unic", am fost atât de îngrozit încât am vrut să fug de la altar, și aș fi făcut-o dacă priorul meu nu m-ar fi reținut. Căci mă gândeam: Cui îi vorbești? De atunci, am citit Liturghia cu mare spaimă și îi mulțumesc lui Dumnezeu că m-a eliberat din această teamă.*

(Luther, Martin in Gretzschel, Matthias: Auf den Spuren von Martin Luther, Hamburg, 2017, p. 38-39)

[46] Heussi, Karl: Kompendium der Kirchengeschichte, Tübingen, 1991, p.42

Și Luther însuși era plin de curiozitate și așteptări mari când a sosit la Roma împreună cu un frate din ordin. Profund mișcat, se aruncă la pământ și strigă: „*Salutare ție, sfântă Romă*!” A vizitat biserici și mănăstiri, a explorat catacombele și palatele. Însă atenția sa nu era îndreptată spre arta plastică, spre înfloritoarea Renaștere sau spre monumentele antice – Luther căuta viața religioasă și spirituală a Romei.

Din păcate, a fost dezamăgit de ceea ce a găsit în Roma. Haosul dominant, dezordinea, liturghiile celebrate în grabă și practica indulgențelor i-au lăsat lui Luther un gust amar:

> *Printr-un decret publicat cu puțin timp înainte, Papa a promis indulgență tuturor celor care vor urca în genunchi pe „Scările lui Pilat”, pe care se spune că a coborât Mântuitorul nostru când a părăsit tribunalul roman și că a fost printr-un miracol. adus de la Ierusalim la Roma*[47]

A trebuit să asculte cum clericii romani nu mai luau în serios sacramentul Euharistiei - în care, conform

---

[47] Ranke, „Istoria în epoca Reformei”, ediția a VIII-a, I 200

Într-o zi, Luther urca cu evlavie aceste scări, când deodată o voce ca un tunet păru să-i spună: „*Cel drept va trăi prin credința lui!*(Romani 1:17). De rușine și groază a sărit în sus și a fugit din acel loc. Acel pasaj biblic nu și-a pierdut niciodată efectul asupra sufletului său. Din acel moment el a văzut mai limpede ca niciodată înainte înșelăciunea de a se încrede în lucrările oamenilor pentru mântuire și la fel de limpede a văzut necesitatea unei credințe neclintite în meritele lui Hristos. Ochii lui fuseseră deschiși, pentru a nu mai fi închiși niciodată. Când a întors spatele Romei, el se întorsese și de la Roma în inima lui și, din acel moment, ruptura a devenit din ce în ce mai adâncă, până când în cele din urmă a întrerupt orice legătură cu biserica papală.

învățăturii catolice, are loc transformarea pâinii și vinului în trupul și sângele lui Hristos - și cum totul în Roma părea să fie scăpat de sub control.

Doctor în Teologie

În anul 1512, Universitatea din Wittenberg l-a numit pe Martin Luther Doctor în Teologie, un titlu care a definit în mod semnificativ parcursul său academic. Acest titlu era legat de preluarea catedrei de profesor de Biblie la aceeași universitate. În anii următori petrecuți la Wittenberg, Luther s-a dedicat cu mare pasiune cercetării Evangheliei, motivat de întrebarea care îl frământase încă din timpul când era călugăr: „*Cum găsesc un Dumnezeu milostiv*?"

În calitatea sa de profesor universitar, Luther a fost chemat în 1514 să devină predicator la biserica orașului Wittenberg. În această funcție, era responsabil nu doar pentru predarea academică, ci și pentru binele spiritual al membrilor comunității sale. A constatat însă că din ce în ce mai puțini credincioși veneau la spovedanie. În schimb, călătoreau în orașe învecinate pentru a achiziționa scrisori de indulgență care, conform concepției de atunci, le promiteau o iertare mai rapidă a păcatelor. Comerțul cu aceste documente înflorise din cauza dificultăților financiare ale Bisericii Catolice, care, în consecință, comercializase și vânduse iertarea păcatelor. În mod special, călugărul Johann Tetzel era cunoscut pentru faptul că nu numai că puteai obține indulgență pentru propriile păcate de la el, dar puteai și să plătești pentru păcatele celor decedați. Zicale precum „*Când moneda în casă sună, sufletul în rai sări*" reflectau această practică și au provocat adâncul dezgust al lui Luther.

Experiența turnului

În anul 1515, Martin Luther a experimentat o iluminare profundă în timpul pregătirii prelegerilor sale, când a studiat conceptele de „*dreptate*" și „*a fi drept*" în epistola lui Pavel către Romani. Meditând asupra acestor termeni, a avut revelația că dreptatea divină constă în faptul că Hristos îi justifică și îi răscumpără pe oameni. Versetele decisive din epistola către Romani, care i-au deschis ochii, sunt:

> *Căci mie nu mi-e rușine de Evanghelia lui Hristos, fiindcă ea este puterea lui Dumnezeu pentru mântuirea fiecăruia care crede: întâi a iudeului, apoi a grecului; deoarece în ea este descoperită o neprihănire pe care o dă Dumnezeu prin credință și care duce la credință, după cum este scris: „Cel neprihănit va trăi prin credință.".*[48]

Conform afirmației lui Luther, el a avut această revelație în singurătatea studiului său din turnul Mănăstirii Wittenberg. Această perspectivă i-a deschis porțile către o nouă viziune asupra lumii: el a găsit răspunsul la

[48] Romani 1,16-17

întrebarea chinuitoare a unui Dumnezeu milostiv. El a recunoscut, de asemenea, că *de facto* calea spre mântuirea din focul etern al iadului nu poate fi găsită prin fapte, ci numai prin credință.

Cele 95 de Teze și disputa privind indulgențele: Începutul Reformei

Practica comerțului cu indulgențe a atins un punct critic, care nu mai putea fi ignorat. În ciuda predicilor presante ale lui Martin Luther împotriva abuzurilor predominante și apelurilor sale scrise către superiorii săi ecleziastici privind această problemă, eforturile sale nu au condus la nicio schimbare. Într-un pas decisiv, Luther a publicat cele 95 de Teze la 31 octombrie 1517, afișându-le pe ușa Bisericii Castelului din Wittenberg. Aceste teze erau menite să fie o invitație la o discuție academică despre comerțul cu indulgențe și nu un apel la revoluție bisericească. Luther se vedea pe sine ca un avocat al Bisericii și își propunea să combată abuzurile practicii bisericești, în special cele comise de instanțele inferioare. Punctul său de vedere critic față de indulgențe era deja clar:

> *Tezele nu erau cu niciun chip gândite ca un apel la o răsturnare bisericească: Luther se simțea un apărător al Bisericii și intenționa să lupte doar împotriva unui abuz al indulgențelor de către instanțele ecleziastice subordonate. În esență, chiar și*

atunci el nu mai putea susține indulgențele sub nicio formă.[49]

Cu toate acestea, apelul său la discuții nu a primit inițial niciun răspuns public. Nimeni nu părea dispus să accepte provocarea dezbaterii. În ciuda lipsei unui răspuns direct, tezele lui Luther s-au răspândit rapid în tipărire și au găsit favoarea savanților umaniști și a unor principi, dar în același timp au întâmpinat o rezistență puternică din diverse zone ale Bisericii Catolice.

Descoperirea reformatoare și procesul de de erezie care a urmat (1518 – 1519)

Reacția episcopilor la tezele lui Martin Luther nu a întârziat să apară. Ei l-au informat pe Papa despre „*rebelul*", cum începuse să fie numit Luther, și au solicitat superiorilor acestuia să-i limiteze influența. În consecință, Luther a simțit nevoia să-și întărească și să clarifice tezele prin scrieri suplimentare. În anul 1518, el a precizat că intenția sa era doar să corecteze abuzurile existente, și nu să destabilizeze papalitatea. Totuși, evenimentele au scăpat de sub control.

Johann Tetzel, un apărător vehement al comerțului cu indulgențe, a răspuns provocării lui Luther cu propriile sale teze opuse. Luther a contracarat abil cu lucrarea sa

---

[49] Vezi Heussi, Karl: Kompendium der Kirchengeschichte, Tübingen, 1991, p.281

„*Predica despre indulgențe și har*", slăbind astfel argumentele lui Tetzel.

Între timp, Johann Eck și-a redactat „*Adnotationes*", notițe interne despre cele 95 de teze ale lui Luther, care, din greșeală, au ajuns în mâinile lui Luther și curând au fost numite batjocoritor „Obeliscuri". Luther a răspuns cu „*Asteriscurile*" sale, care au servit ca o replică sclipitoare. Eck a atras atenția asupra problemei pe care Luther a început să o reprezinte pentru Biserică, comparându-l cu Jan Hus[50].

În anul 1518 a fost inițiat procesul de erezie împotriva lui Luther la Roma. „*Resolutiones*" lui Luther, o apărare detaliată a tezelor sale, a provocat mai multă indignare decât se aștepta. În această perioadă periculoasă, Friedrich cel Înțelept, Electorul Saxoniei, i-a asigurat în secret sprijinul său.[51]

---

[50] Jan Hus, un teolog boemian al începutului secolului al XV-lea, a refuzat să-și renege învățăturile în timpul Conciliului de la Constanța din anul 1415. Fermitatea sa a dus la condamnarea și arderea sa ca eretic. Hus a criticat practica intercesiunii prin Maria și sfinți și considera Biserica în principal ca o comunitate spirituală, nu ca o putere instituțională. A argumentat că liderii spirituali ar trebui să predice Evanghelia și să administreze sacramentele și a condamnat lipsa de frică de Dumnezeu și pietate în rândul preoților vremii sale. În locul unui papalitate înțelesă instituțional, el susținea că adevărata autoritate decurge din comportament, nu din titlu. Hus a fost un oponent vehement al doctrinei privind autoritatea nelimitată a Papei și a subliniat Biblia ca unic etalon al adevărului religios, o perspectivă care urma să devină unul dintre principiile centrale ale Reformei ulterioare.

[51] Vezi Heussi, Karl: Compendium of Church History, Tübingen, 1991, p.282

Dieta de la Augsburg. Reichstag din Augsburg, 1518

Curia a insistat ca Luther să fie ascultat la Roma, dar datorită circumstanțelor politice din imperiu - împăratul murise și alegerea unui succesor era în așteptare - Friedrich der Weise a reușit să obțină o audiere pentru Luther pe pământul german. S-a convenit ca Luther să-și prezinte poziția la Dieta din Augsburg în 1518.

În toamna anului 1518, cardinalul Cajetan l-a interogat pe Martin Luther în Palatul Fugger din Augsburg, care a durat trei zile. Luther a refuzat să-și revoce cele 95 de teze, subliniind acordul tezelor sale cu Sfânta Scriptură. Când a fost amenințat cu arestarea, Luther a evitat-o fugind din Augsburg. Kurfürst/Principele Friedrich der Weise a respins cererea lui Cajetan de extrădare a lui Luther.

Disputa de la Leipzig. Eck versus Luther. 1519

În anul 1519, Karl von Miltitz, un nuntiu papal, a primit misiunea de a obține extrădarea lui Luther prin intermediul Electorului. A încercat să influențeze pe Frederic cel Înțelept cu „*Rosa de Aur*", un cadou onorific, însă fără succes. Principele/Electorul a continuat să protejeze pe Luther. Miltitz a reușit doar să obțină o promisiune de la Luther de a păstra tăcerea, cu condiția ca și adversarii săi să facă la fel - un acord care nu avea să dureze, după cum va arăta Disputa de la Leipzig din 1519.

Disputa de la Leipzig trebuia inițial să abordeze temele libertății voinței umane (liberul arbitru) și a harului divin, cu Andreas Karlstadt și Johann Eck ca principalii antagoniști. Cu toate acestea, în curând, o confruntare între Eck și Luther a devenit punctul central, care se concentra pe necesitatea primatului papal pentru mântuire.

> *Eck l-a determinat pe Luther să respingă necesitatea mântuitoare a primatului papal și să spună că unele dintre tezele condamnate de Hus la Constanța în 1415 erau în întregime evanghelice. Făcând acest lucru, Eck l-a etichetat public pe Luther drept eretic. Disputa privind vânzarea indulgențelor se transformase într-o contradicție fundamentală și cuprinzătoare cu fundamentele Bisericii Romane.*[52]

În timp ce Eck a apărut în mod oficial drept câștigătorul disputei, Luther a câștigat recunoașterea drept „*ereticul*și a reușit să câștige simpatia umaniștilor, inclusiv a lui Philipp Melanchthon, viitor prieten și coleg.

---

[52] Ibidem, p.283

Principalele scrieri ale lui Luther și ruptura cu Roma, 1520

În fața atacurilor repetate din partea curiei romane, Martin Luther s-a simțit obligat, în anul 1520, să-și concretizeze reflecțiile teologice și să dezvolte o teologie independentă. În acest an, el a redactat trei scrieri fundamentale ale Reformei: „*Către nobilimea creștină a națiunii germane despre îmbunătățirea stării creștine*”[53] în august, „*De captivitate Babylonica ecclesiae praeludium*” în octombrie și „*Despre libertatea creștinului*”[54] în noiembrie. Aceste lucrări marchează simbolic eliberarea spirituală a lui Luther de Biserica Romană, o separare care în curând avea să se manifeste și oficial.

Încă în acel an, 1520, Biserica Romană a revitalizat procesul de erezie împotriva lui Luther și a formulat bula de excomunicare „*Exsurge Domine*”, care îl îndemna pe Luther să-și retragă învățăturile. Luther a răspuns la arderea scrierilor sale de către stabilimentul bisericesc cu un gest la fel de simbolic: pe 10 decembrie 1520, a ars în public bula papală de excomunicare împreună cu alte lucrări ale bisericii catolice, demonstrând astfel ruptura sa definitivă de Biserica din Roma.

Conflictul a escaladat când Papa Leo X a pronunțat pe 3 ianuarie 1521 bula de excomunicare „*Decet*

---

[53] „*An den christlichen Adel deutscher Nation von des christlichen Standes Besserung*“

[54] „*Von der Freiheit eines Christenmenschen*“

Romanum Pontificem" împotriva lui Luther, excomunicându-l oficial.

În această situație încordată, noul tânăr împărat Carol V. s-a văzut constrâns, datorită susținerii larg răspândite a lui Luther în Imperiu și presiunea principilor electori, să-i acorde lui Luther o audiere. L-a invitat pe Luther la Dieta Imperială de la Worms și i-a asigurat escortă liberă (freies Geleit). Acest eveniment avea să devină un moment decisiv în istoria Reformei.

Reichstag la Worms, 1521

Pe 18 aprilie 1521, Martin Luther a primit ultima oportunitate de a-și retrage învățăturile în timpul Dieta de la Worms. Cu toate acestea, Luther a refuzat să le retracteze, argumentând că nimeni nu-i poate demonstra că teologia sa este în contradicție cu Sfânta Scriptură.:

> *Dacă nu sunt convins prin mărturii ale Scripturii și argumente raționale clare; căci nici Papei, nici Conciliilor singure nu le acord credință, deoarece este bine stabilit că de multe ori au greșit și s-au contrazis pe ei înșiși, astfel sunt învins în conștiința mea prin pasajele Sfintei Scripturi pe care le-am citat și captiv în Cuvântul lui Dumnezeu. Prin urmare, nu pot și nu vreau să retrag nimic, deoarece a face ceva împotriva conștiinței nu este nici*

sigur, nici salvator. Dumnezeu să mă ajute, Amin![55]

Se spune că el a spus următoarele, iar şi iar:

Aici stau. Nu pot face altfel. Dumnezeu să mă ajute! Amin.[56]

Tânărul împărat Carol al V-lea a emis apoi Edictul de la Worms, care urmărea să interzică învăţăturile lui Luther şi să permită persecuţia lui Luther şi a adepţilor săi.

Perioada Wartburg şi întoarcerea la Wittenberg

După ce Luther a părăsit sala de audiere, se spune că a exclamat uşurat: „*Am terminat(Am trecut prin asta.)*!" Nu a fost arestat deoarece o scrisoare de protecţie i-a garantat trecerea în siguranţă pentru 21 de zile. Pe 25 aprilie, Luther şi-a început călătoria de întoarcere şi s-a trezit pe 4 mai la ordinul electorului Frederic cel Înţelept „*răpit*".[57] Luther şi-a găsit refugiul în Wartburg, un loc îndepărtat, unde a locuit timp de zece luni sub pseudonimul „*Junker Jörg*".

---

55 Martin Luther în Ebert, Martin, 500 de ani de la Reforme. Martin luther,https://www.luther.de/legenden/blitz.html ,(Data ultimului acces: 14 decembrie 2019)

56 Heussi, Karl: Compendiu de istorie a Bisericii, Tübingen, 1991, p.285

57 Cu toate acestea, se presupune că Luther ştia dinainte despre acest plan.

În acest timp, a reușit să traducă Noul Testament din greacă în germană în doar unsprezece săptămâni.[58]

Între timp, ideile Reformei erau puse în practică și în Wittenberg, care devenise centrul Reformei. În 1521, Philipp Melanchthon a pregătit scena cu lucrarea sa „*Loci communes*" a pus bazele formulării doctrinei luterane și a prezentat o teologie precisă. Reforma a fost plină de energie și a adus schimbări.

Karlstadt, un adept al lui Luther, a devenit liderul Reformei din Wittenberg și a început să se complace în exagerări. Sub conducerea sa, de exemplu, au avut loc revolte de „*iconoclaşti*"[59], făcând situația să scape de sub control. Prin urmare, Luther a decis să se întoarcă la Wittenberg în 1522. El a adus mişcarea de reformă, care s-a transformat în radicalism, înapoi la un nivel mai moderat. Între 1522 și 1524, activitățile de predicare ale lui Luther s-au intensificat. El a călătorit prin toată Germania pentru a proclama și a explica oamenilor Evanghelia. În acest timp el a scris „*Despre autoritățile*

[58] Traducerea lui Martin Luther a Noului Testament a fost publicată în 1522, cunoscută sub numele de „*Testamentul din septembrie*". Această traducere a contribuit în mod semnificativ la răspândirea ideilor Reformei, făcând mult mai uşor accesul la Biblie în limba maternă. După întoarcerea sa la Wittenberg, Luther și-a continuat munca de traducere și a început să traducă Vechiul Testament, care a apărut în părți din 1523 și în cele din urmă ca parte a traducerii complete a Bibliei, „*Lutherbibel*", a fost publicată în 1534. Această traducere a influențat *de facto* dezvoltarea limbii și literaturii germane.

[59] „*Bilderstürmern*"

laice, în ce măsură le este dator ascultare”[60] și a fost inspirat de turneele de predicare pentru „*La rânduiala de cult în comunitate”*(1523)[61], precum și „*Formula missae*“ (Forma Sfintei Liturghii, 1523) pentru a reproiecta serviciul divin în timpul Reformei. În 1524 Luther a încercat prin scrierea „*Consilierilor din toate orașele germane să înființeze și să întrețină școli creștine*”[62], să încurajeze o reorganizare a sistemului școlar.

Luther și Războiul Țăranilor, 1524-1525

Pe parcursul Războiului Țăranilor din 1524 până în 1525, mulți țărani s-au simțit inspirați de apelul lui Martin Luther pentru reformarea Bisericii și au crezut că el ar susține de asemenea cererile lor sociale și economice. Totuși, Luther era de părere că reformele spirituale nu ar trebui să meargă mână în mână cu revolta politică sau economică. El a criticat aspru actele de violență ale țăranilor și a chemat autoritățile să restabilească ordinea. Această atitudine i-a adus respingerea multor țărani care speraseră anterior să-l aibă ca susținător.

---

[60] „*Von der weltlichen Obrigkeit, wie weit man ihr Gehorsam schuldig ist”* Scrierea lui Luther, publicată în 1523, este o dezbatere despre relația dintre creștini și autoritățile seculare. Scrisă sub forma unui dialog, ea abordează întrebarea în ce măsură exercitarea domniei laice este compatibilă cu credința creștină?

[61] „*Von der Ordnung des Gottesdiensts in der Gemeinde*“ (1523)

[62] „*An die Ratsherrn aller Städte deutschen Landes, dass sie christliche Schulen aufrichten und halten sollen*“

În mai 1525, revoltele țăranilor au fost înăbușite în mod sângeros. Thomas Müntzer, un reformator radical și la un moment dat tovarăș de drum al lui Luther, a fost capturat după înfrângerea țăranilor răsculați și executat.

Căsătoria cu Katharina von Bora, 1525

Martin Luther s-a căsătorit la 27 iunie 1525 cu Katharina von Bora, o fostă călugăriță care fugise cu doi ani înainte împreună cu alte călugărițe din mănăstirea Marienthron. Căsătoria lor a fost subiect de controversă, în special din cauza statutului Katharinei ca fostă călugăriță și a momentului căsătoriei în timpul Războiului Țăranilor. Cu toate aceste controverse, sărbătoarea nunții a avut loc, iar comunitatea din Wittenberg și-a arătat susținerea prin daruri generoase, inclusiv 20 de guldeni de argint și un butoi de bere.

Deși cuplul a întâmpinat dificultăți financiare la începutul căsătoriei lor, au găsit sprijin în prieteni și, mai târziu, au primit ajutor de la Johann cel Statornic, Electorul de Saxonia, care le-a oferit fosta mănăstire augustiniană ca reședință. Martin și Katharina Luther au avut în total șase copii, trei fii și trei fiice, toți născuți în Wittenberg.

Alte etape de impact între perioadele 1525 - 1545

În perioada dintre 1525 și 1545, Martin Luther și-a continuat reformele profunde care vizau biserica, comunitatea și slujbele religioase. Printre aspectele notabile s-a numărat introducerea Sfintei Cine în ambele feluri (beiderlei Gestalt). În 1529, Luther a publicat „*Catehismul Mic*" și „*Catehismul Mare*", destinate catehezei în credința creștină. De asemenea, a publicat „*Klugsche Gesangbuch*" și a compus în 1527 faimosul cântec „*O, Fortăreață puternică este Dumnezeul nostru*"[63].

Prima Dieta de la Speyer (Der erste Reichstag zu Speyer) din 1526 le-a deschis lui Luther și susținătorilor săi posibilitatea legală de a-și implementa reformele, transferând puterea de decizie către prinții teritoriali.

A doua Dieta de la Speyer din 1529 a încercat, în schimb, să reinstaureze Edictul de la Worms. Ca răspuns, a avut loc „*Protestația de la Speyer*", unde principii și orașele imperiale evanghelice (evangelische Fürsten und Reichsstädte) s-au opus *Reichsacht*-ului asupra lui Luther și au susținut răspândirea liberă a credinței evanghelice – un eveniment considerat a fi nașterea protestantismului.

Dieta de la Augsburg din 1530 a fost însoțită de mari speranțe din partea reformatorilor. Datorită importanței politice a disputelor teologice, împăratul i-a invitat să-și expună doctrinele. Acest lucru a condus la formularea „Confesiunii de la Augsburg" (Confessio

63 „*Ein feste Burg ist unser Gott*"

Augustana), redactată în principal de Melanchthon, dar cu aprobarea lui Luther. Luther însuși, din cauza *Reichsacht*-ului, nu a putut călători la Augsburg și și-a sprijinit prietenii de la Cetatea Coburg cu sfaturi în scris.

Confesiunea de la Augsburg a fost prezentată împăratului pe 25 iunie, care a acceptat doar răspunsul catolic, „*Confutatio Pontificia*". Apărarea ulterioară a lui Melanchthon, „*Apologia Confesiunii de la Augsburg*", nu a fost acceptată. În răspuns la atitudinea de respingere a Dietei de la Augsburg, formațiunile protestante[64] au format „*Liga de la Schmalkalden*"[65], o alianță defensivă împotriva teritoriilor catolice.

Pe 23 iulie 1532, a fost în final declarată „*Pacea Religioasă de la Nürnberg*", care a permis o coexistență legală și pașnică temporară între diferitele confesiuni (un pas important pentru Reformă).

Luther și-a continuat reformele și a stat în opoziție cu adversarii Reformei până la sfârșitul vieții sale.

Era conștient de slăbiciunea sa fizică și a exprimat scurt timp înainte de a trece în neființă:

Sunt slab, nu mai pot continua.

Martin Luther a încetat din viață pe 18 februarie 1546 în Eisleben, nu înainte de a spune:

> *În mâinile Tale încredințez sufletul meu. Tu m-ai salvat, Doamne, Dumnezeu credincios.*

---

64 protestantischen Stände

65 „*Schmalkaldischen Bund*"

Conflicte și compromisuri confesionale (1532-1555)

După Pacea Religioasă de la Nürnberg din 1532, care recunoștea provizoriu învățătura evanghelică, situația religioasă din Sfântul Imperiu Roman a rămas tensionată. Martin Luther a fost neobosit în eforturile sale de a consolida învățăturile și structurile organizatorice ale bisericii evanghelice. În această perioadă, el a redactat, printre altele, Articolele de la Schmalkalden (*„Schmalkaldischen Artikel“,* 1537), în care a prezentat principiile de bază ale credinței evanghelice. Aceste scrieri au fost gândite ca o poziție clară față de Biserica Catolică și urmau să fie prezentate la un consiliu planificat, care, totuși, nu a avut loc niciodată.

Tensiunile crescânde au dus în cele din urmă la Războiul de la Smalcald (*„Schmalkaldischer Krieg“*, 1546-1547). Războiul a izbucnit după ce Liga de la Smalcald, o alianță defensivă a prinților și orașelor protestante, a fost atacată de împăratul Carol al V-lea. Deși războiul s-a încheiat cu înfrângerea forțelor protestante și capturarea liderilor importanți, cum ar fi Kurfürsten Johann Friedrich și Landgrafen Philipp von Hessen, conflictul s-a dovedit a fi un punct de cotitură care a contribuit pe termen lung la recunoașterea protestantismului.

Tratatul de la Passau din 1552, încheiat după disputele îndelungate, a marcat începutul sfârșitului conflictului confesional în Imperiu (Reich). Acordul a oferit prinților evanghelici concesii semnificative, inclusiv eliberarea prinților capturați și asigurarea libertății religioase, ceea ce a reprezentat un pas către legalizarea Reformei.

Procesul a culminat în cele din urmă cu Pacea Religioasă de la Augsburg din 1555. Pacea a fost un compromis istoric, care, cu principiul „*Cuius regio, eius religio*“, a subordonat credința religioasă a supușilor deciziei suveranului lor teritorial. Această pace nu a însemnat doar sfârșitul confruntărilor militare între catolici și protestanți, ci și o recunoaștere juridică importantă a Reformei. Deși conflictele au continuat să existe, acestea a pus bazele coexistenței diferitelor confesiuni în cadrul Sfântului Imperiu Roman.

3- Scurtă abordare a unor aspecte ale teologiei lui Luther

Secolul al XVI-lea: între sfârșit și un nou început

Martin Luther, născut la sfârșitul secolului al XV-lea și a acționat la începutul secolului al XVI-lea, a stat în centrul unei lumi pline de tensiuni și conflicte, experimentând de aproape trecerea de la Evul Mediu la vremurile moderne, o epocă caracterizată prin invenții inovatoare și dezvoltarea unei noi viziuni asupra lumii.[66]

[66] De exemplu, viziunea heliocentrică asupra lumii a lui Copernic, în contrast cu viziunea geocentrică asupra lumii a lui Ptolemeu.

> *Luther poate fi înțeles doar prin această tensiune între Evul Mediu și vremurile moderne. A fost un om al timpului său, nu al timpului nostru.*[67]

Într-o eră a schimbărilor care a văzut multe schimbări pentru nou și bine, biserica timpului său părea să fie în declin moral. Înainte de Luther, Jan Hus denunțase că *in summa* clerul nu își împlinește adevărata și sfântă chemare de a sluji și în schimb Îl batjocoreau pe Dumnezeu pentru profit și ipocrizie și puneau Biserica într-o lumină proastă.

O caracteristică semnificativă a acelei ere a fost apariția *Umanismul renascentist*. Motto-ul „*ad fontes*", adică „*înapoi la surse*", l-a inspirat și pe Luther, care și-a găsit astfel drumul înapoi la Biblie. A apărut umanismul biblic, care milita pentru studiul Bibliei nu prin lentila scolasticii, ci în limbile sale originale – ebraică și greacă – pentru a o putea traduce fără prejudecăți. Inițial, Luther a fost un adept al lui Erasmus din Rotterdam, dar în cele din urmă au apărut diferențe semnificative între ei, în special în ceea ce privește problema „liberului arbitru"[68].

---

67 Vezi Kasper, Walter: Martin Luther. O perspectivă ecumenică, Mannheim, 2016, p.15

68 Pe scurt, Erasmus argumenta în „*De libero arbitrio*" (1524) că Dumnezeu a înzestrat omul cu un liber arbitru care îi permite să aleagă între bine și rău. Credinciosul ar trebui să se conformeze îndrumărilor pentru o viață virtuoasă și să extragă învățăturile pozitive din Biblie. Totuși, Erasmus recunoștea și „locurile întunecate" din Biblie, pentru a căror înțelegere considera că tradiția hermeneutică a Bisericii era necesară.

Luther, pe de altă parte, răspundea în scrierea sa „*De servo arbitrio*" că Biblia nu este o „carte obscură", ci mai degrabă una clară, a cărei înțelegere

Securitate spirituală – de necumpărat și inalienabil

Isus a intrat în Templul lui Dumnezeu. A dat afară pe toţi cei ce vindeau şi cumpărau în Templu, a răsturnat mesele schimbătorilor de bani şi scaunele celor ce vindeau porumbei.[69]

Critica la adresa practicilor bisericești ale timpului său a fost o preocupare centrală pentru Martin Luther. Scena din Noul Testament, în care Isus îi gonește pe negustori și cumpărători din Templu, a evidențiat problemele din Biserica din timpul lui Luther. Era scris: „*Casa mea se va numi casa rugăciunii*", însă în realitate, Biserica se îndepărtase mult de acest ideal. Aceasta degradase harul divin la nivel de marfă de schimb, iar comerțul cu indulgențe devenise un exemplu deosebit de reprobabil.

Instituția indulgențelor are o lungă tradiție în Biserica Catolică. Termenul „indulgență" (lat. indulgentia) se referă la un act de grație care, conform învățăturilor bisericești, servește la anularea pedepselor temporare pentru păcate în purgatoriu. Întrețesut cu concepte precum păcat, pocăință, regret, convertire și iertare, indulgența se transformase într-un comerț care stârnise profunda dezaprobare a lui Luther. Vânzarea scrisorilor de indulgență, inițial concepute ca mijloc de

---

se deschide din esența sa – Isus Cristos. Pentru Luther, era esențial să se recunoască faptul că voința umană, deși este liberă să aleagă între bine și rău, devine eficace doar prin grația lui Dumnezeu.

[69]Matei 21,12

finanțare pentru Catedrala Sfântul Petru din Roma, fusese pervertită: acestea erau oferite ca și cum ar putea cumpăra iertarea păcatelor pentru vii și morți.

Johannes Tetzel, „agentul de vânzări" trimis de Roma, a devenit figura emblematică a acestui abuz. El lăuda indulgențele ca un dar divin și promitea absolvirea totală de păcate prin achiziționarea unui astfel de bilet - un proces care contrazicea esența pocăinței creștine. Când Luther a auzit afirmația lui Tetzel că, odată cu sunetul monedei în cutia de colectă, un suflet ar fi eliberat din purgatoriu, oripilarea sa a fost completă.

La 31 octombrie 1517, Luther a reacționat prin afișarea celor 95 de teze pe ușa Bisericii din Wittenberg.

Acestea urmau să fie baza unei dispute pentru a discuta despre neregulile apărute, însă o astfel de confruntare nu a avut loc niciodată. Luther critica în special presupunerea că papa ar fi capabil să gestioneze după bunul său plac tezaurul Bisericii și să distribuie har și iertare după cum dorește. Aceasta era punctul subliniat de Luther în teza sa cu numărul 58.

Luther sublinia necesitatea unei pocăințe adevărate, care nu se manifesta prin intermediul unui sacrament administrat de Biserică, ci printr-o schimbare profundă interioară și exterioară, așa cum Isus a cerut cu „*Pocăiți-vă*". Tezele 94 și 95 îndemnau creștinii să nu caute o siguranță iluzorie prin achiziția scrisorilor de indulgență, ci să găsească adevărata siguranță spirituală și consolare prin urmarea autentică a lui Isus Cristos.

Principalele scrieri ale lui Martin Luther și ruptura cu Roma (1520)

În anul 1520, Martin Luther a publicat trei lucrări incisive care au contribuit la distanțarea sa spirituală și teologică de Biserica Romano-Catolică. Aceste texte nu doar că reprezentau o critică fundamentală a condițiilor bisericești ale vremii sale, dar au pus și bazele a ceea ce urma să fie cunoscut ca Reforma Protestantă.

Prima dintre aceste scrieri, „*An den christlichen Adel deutscher Nation von des christlichen Standes Besserung*" („*Către nobilimea creștină a națiunii germane despre îmbunătățirea stării creștine*"), este de o importanță excepțională. În aceasta, Luther face apel la prinții germani să militeze pentru reformarea Bisericii. El critică structura bisericească și expune ideea că toți botezații formează o preoție comună. Prin aceasta, el solicită abolirea ierarhiei stabilite între cler și laici și încurajează laicii să joace un rol mai activ în afacerile bisericești.

A doua lucrare, „*Von der babylonischen Gefangenschaft der Kirche*" („*Despre captivitatea babiloniană a Bisericii*"), prezintă critica radicală a lui Luther asupra doctrinei sacramentelor. El pune sub semnul întrebării legitimitatea celor șapte sacramente pe care le predica Biserica Catolică și argumentează că doar botezul, pocăința și Cina Domnului pot fi derivate direct din Biblie. În concluzia lucrării, el afirmă că, în principiu, ar putea exista doar două sacramente: botezul și Cina Domnului.

Prin această reducere a numărului de sacramente, Luther slăbește puterea Bisericii și accentuează relația directă între credincios și Dumnezeu.

Al treilea tratat, „*Von der Freiheit eines Christenmenschen*” („*Despre libertatea creștinului*”), a fost scris ca răspuns la bula papală de amenințare cu excomunicarea, „*Exsurge Domine*”. În acest text, Luther dezvoltă doctrina sa privind justificarea prin credință singură. El postulează că creștinii trăiesc într-o stare paradoxală de libertate și servitute: liberi de păcat prin credință și în același timp slujitori ai lui Dumnezeu și ai aproapelui prin iubire. Această scriere semnalează un punct de cotitură în istoria Bisericii, punând conștiința individuală deasupra autorităților bisericești și accentuând relația personală de credință.

În toate cele trei lucrări se manifestă convingerea lui Luther că adevărata autoritate spirituală nu se află în structurile bisericești sau în actele sacramentale, ci în Cuvântul lui Dumnezeu și în credința individualului. Ele marchează începutul unei noi ere în creștinătatea occidentală și ruperea irevocabilă cu tradiția bisericească a Evului Mediu.

Despre teologia lui Luther în sens mai restrâns

În gândirea teologică a lui Luther, originile perspectivei sale revoluționare pot fi deja recunoscute în primele sale prelegeri. Prima lecție despre Psalmi din 1513 arată cum

Luther a redefinit metodele hermeneutice. În loc să se bazeze pe împărțirea obișnuită între interpretările literale și alegorice, el a diferențiat între „*spiritus*" (spirit) și „*litera*" (literă), o distincție care a pătruns mai adânc în contrastele dintre *Lege* și *Evanghelie*.

Termenul „*Substantia*" a fost folosit de el într-un sens relațional; pentru Luther, substanța unui lucru era ceea ce înseamnă acesta în contextul vieții umane. De exemplu: „*Substanța bogatului este bogăția sa.*" Această perspectivă nu este întemeiată ontologic, ci în existența trăită a omului.

Concepțiile ecleziologice ale lui Luther s-au arătat într-o formă timpurie în critica sa față de Curia, al cărei stil de viață îl considera opus stării ideale a Bisericii, care ar trebui să fie un „*hospitalis infirmorum*" – un spital pentru cei bolnavi – în contrast cu un „*palatium sanctorum*" – un palat pentru sfinți. Astfel, ecleziologia devine un punct central al teologiei sale. Problema teologică care îl preocupa era întrebarea „*Quomodo fiam misericors Deus?*" (Cum voi găsi un Dumnezeu milostiv?).

Această îndepărtare de la școlastica medievală și orientarea către o înțelegere mai profundă a voinței libere, focalizată pe grație, arată paralele clare cu Augustin și cu vederile acestuia despre incapacitatea voinței umane de a atinge dreptatea fără grația divină.

Dezvoltarea ideilor reformiste ale lui Luther a continuat cu respingerea principiilor aristotelice în teologie:

> *Error est, quod sine Aristotele theologus non potest esse.*

Este o eroare să spunem că fără Aristotel nu se poate fi teolog, afirma Luther, poziționându-se astfel împotriva normei academice a timpului său.

Viziunea teologică se baza pe *Ockhamism* și alte curente contemporane, cu un accent puternic pe Scriptură (sola scriptura).

Teologia crucii (*Theologia Crucis*) este un aspect fundamental al gândirii lui Luther și se opune teologiei gloriei (*Theologia Gloriae*), așa cum era răspândită în scolastică. Luther înțelegea teologia crucii ca fiind o perspectivă care este centrală în viața și înțelegerea creștină, bazându-se pe experiența suferinței lui Christi pe cruce și pe învierea Sa ulterioară.

Aceasta contrastează cu teologia gloriei, care este adesea caracterizată ca o focalizare pe putere, rațiune și căutarea succesului vizibil în lume. Pentru Luther, Dumnezeu se manifestă în slăbiciune și suferință, nu în forța și înțelepciunea umană.

În ceea ce privește doctrina Euharistiei (*Abendmahlslehre*), Luther a adoptat o poziție unică între transsubstanțierea catolică și interpretările simbolice ale reformatorilor precum Zwingli.

Prezența reală (*Realpräsenz*) a lui Hristos în Euharistie este asigurată pentru Luther prin cuvintele lui Hristos „*Das ist mein Leib... das ist mein Blut*"[70], care sunt repetate în timpul celebrării sacramentului.

---

[70] „*Acesta este trupul meu...acesta este sângele meu*"

Doctrina lui Luther a prezenței reale prin consubstanțiație (*Konsbstanziation*) reprezintă o cale de mijloc. Aceasta înseamnă că el a afirmat prezența actuală a lui Hristos în pâine și vinul Euharistiei, dar fără a accepta explicațiile filosofice ale transsubstanțierii. Luther a respins ideea că substanțele pâinii și vinului încetează să existe și sunt transformate pe loc în trupul și sângele lui Christi, așa cum învăța biserica catolică. În schimb, el credea că trupul și sângele lui Christi sunt „*in, mit und unter*“[71] formele de pâine și vin, fără ca să aibă loc o transformare esențială a elementelor.

Este interesant că Luther nu a folosit niciodată termenul „*consubstanțiație*“ el însuși. În schimb, a preferat expresia „*uniune sacramentală*“ (sakramentale Union) pentru a descrie perspectiva sa. El a subliniat că este un mister cum are loc această prezență a lui Hristos în Euharistie și că credincioșii trebuie să aibă încredere că aceasta se bazează pe promisiunea lui Christi.

În viziunea lui Luther, „*credința*“ este un element decisiv, fără de care sacramentul nu poate transmite justificarea. Astfel, doctrina Euharistiei este legată în gândirea sa de doctrina justificării (Rechtfertigungslehre), cu Euharistia fiind un sacrament care include semnul, semnificația și credința celor care o primesc. Semnul exterior nu este doar un simbol, ci forma de apariție și elementul material prin care Dumnezeu transmite grația Sa.

---

[71] *„în, cu și sub“*

În teologia luterană, conceptul de „*triplă utilizare a legii*“ (dreifacher Gebrauch des Gesetzes) descrie modul în care legea divină acționează în diferite moduri în viața oamenilor și în lume. Martin Luther însuși a dezvoltat această idee, care inițial a fost extinsă de Philipp Melanchthon, în scrierile sale și a folosit-o pentru a explica cum legea și Evanghelia colaborează pentru a promova mântuirea omului. Iată cele trei utilizări ale legii, conform gândirii lui Luther:

1. **Usus politicus sau civilis** (Utilizarea civilă sau politică): Luther recunoaștea că legea joacă un rol esențial în societate. Ea servește binele comun, creând ordine exterioară și justiție prin poruncile și interdicțiile sale. Prin această funcție, legea limitează nedreptatea și comportamentul păcătos. Luther înțelegea că, deși legea nu poate schimba inima omului, este totuși indispensabilă pentru menținerea ordinii lumești.

2. **Usus elenchticus sau pedagogicus** (Utilizarea convingătoare sau pedagogică): Luther vedea de asemenea legea ca pe un oglindă care le arată oamenilor păcatul lor. Această utilizare a legii dezvăluie incapacitatea noastră de a îndeplini cerințele lui Dumnezeu prin propriile noastre forțe și ne conduce la recunoașterea păcătoșeniei noastre și a necesității mântuirii. Această funcție a legii este crucială pentru a determina păcătosul să se căiască și a-l pregăti pentru Evanghelia grației lui Dumnezeu.

3. **Usus didacticus sau normativus** (Utilizarea didactică sau normativă): În cele din urmă, Luther vorbește despre cum legea devine un ghid pentru cei care sunt deja

justificați prin credință. Pentru credincioși, legea devine un ghid pentru o viață plăcută lui Dumnezeu. Le arată cum ar trebui să trăiască în recunoștință pentru grația primită. În acest sens, legea nu mai este o povară, ci un ajutor pentru sfințenie în viața de zi cu zi.

Luther nu vedea aceste trei utilizări ale legii ca fiind opuse sau independente una de alta, ci ca fiind dinamic interconectate. Toate serveau scopului de a conduce oamenii către mântuirea în Christos și de a-i ajuta să trăiască în libertatea Evangheliei. Este important de subliniat că Luther nu diminua importanța legii, ci explică locul său adecvat în contextul mântuirii prin Christos.

3- Pledoarie finală

Teologia lui Martin Luther, profund înrădăcinată în convingerea că Biblia este autoritatea supremă pentru credința și practica creștină, a revoluționat gândirea religioasă a timpului său și a pus bazele Reformei.

Învățăturile sale formează fundația convingerilor luterane și subliniază suveranitatea Scripturii, centralitatea credinței, necesitatea harului, unicitatea lui Hristos și gloria lui Dumnezeu.

Viziunea lui Luther asupra teologiei ca o forță vitală care penetrează inima credinciosului este exprimată în propriile sale cuvinte:

Oh, credința este ceva viu, activ, eficient, puternic.[72]

Aceste cuvinte mărturisesc despre o înțelegere a credinței care este departe de a fi o simplă aprobare pasivă sau o tradiție goală. Pentru Luther, credința este o prezență puternică, activă și vie în viața unui creștin, o prezență caracterizată prin acțiune, forță și pasiune.

Analizarea teologiei lui Martin Luther te îndeamnă inevitabil să-ți reexaminezi și să-ți reevaluezi punctele de vedere nu doar în ceea ce privește întrebările religioase și filozofice ale secolului al XVI-lea, ci și în contextul provocărilor timpului nostru. Subiectul lui Martin Luther și al Reformei are o relevanță profundă și de durată, atingând relația fundamentală dintre Dumnezeu și om.

Luther, fără îndoială figura centrală a Reformei, a lăsat o impresie de durată prin personalitatea sa carismatică și puterea sa verbală. El nu doar că a evidențiat erorile Bisericii, ci a inițiat și o realiniere a credinței, oferind creștinilor o încredere reînnoită în Dumnezeu.

Concordia de la Leuenberg din 1973 marchează un punct de cotitură în apropierea ecumenică dintre bisericile luterane și cele reformate, în timp ce Declarația Comună privind Doctrina Justificării, semnată la 31 octombrie 1999 între Biserica Romano-Catolică și Federația Luterană Mondială, reprezintă un exemplu important de dialog și căutare a consensului între aceste două tradiții

---

[72] Luther, Martin: „*O, es ist ein lebendig, schäftig, tätig, mächtig Ding um den Glauben.*"

creștine. Aceste evoluții subliniază efortul crescător pentru unitate și înțelegere comună în cadrul ecumenismului creștin.

Acest pas spre reconciliere ar putea fi văzut ca un licăr de speranță, de care cu siguranță Martin Luther s-ar bucura.

În concluzie, impulsurile lui Luther pentru teologia creștină și viața de credință individuală rămân actuale și inspiratoare. Moștenirea sa ne invită să înțelegem credința nu ca un concept abstract, ci ca o realitate care schimbă viața, ce ne cheamă să ne reînnoim și să aprofundăm în mod constant relația cu Dumnezeu.

„Hier stehe ich, ich kann nicht anders, Gott helfe mir. Amen."[73]- cu această statornicie care l-a caracterizat pe Luther, suntem chemați să ne urmăm calea în credință, în încrederea că Dumnezeu ne va netezi cărările, așa cum spune în Proverbe 3,5-6:

> *Încrede-te în Domnul din toată inima ta și nu te bizui pe înțelepciunea ta! Recunoaște-L în toate căile tale, și El îți va netezi cărările.*

Sau, după cum a spus Augustin:

> *Cred pentru a înțelege, înțeleg pentru a crede.*[74]

---

[73] *„Aici stau, nu pot altfel, Dumnezeu să mă ajute. Amin"*

[74] Augustin: „*Credo ut intelligam, intelligo ut credam*"

***

Nu este un vis omenesc sau o iluzie. Credința este lucrarea lui Dumnezeu în noi. Ea ne strămută în lumea divină pentru renașterea noastră în Dumnezeu. Ea îl omoară pe vechiul Adam din noi şi ne face o făptură nouă, ne recreează inima, curajul, înțelegerea şi toate celelalte fațete ale personalității. Credința vine prin lucrarea Duhului Sfânt. Ea implică o putere de viață care ne împinge irezistibil spre bine. Credința nu întreabă care sunt faptele bune ce trebuiesc făcute, ci trece la înfăptuirea lor fără nici un fel de întrebare.

(Martin Luther)

Literaturverzeichnis. Bibliografie

a. Fachliteratur

1. Brecht, Martin, Martin Luther, Stuttgart, 1986

2. Dietrich Emme, Martin Luthers Weg ins Kloster. Eine wissenschaftliche Untersuchung in Aufsätzen, Regensburg 1991

4. Heussi, Karl: Kompendium der Kirchengeschichte, Tübingen, 1991

7. Gretzschel, Matthias: Auf den Spuren von Martin Luther, Hamburg, 2017

8. Horst Herrmann, Martin Luther. Ketzer und Reformator, Mönch und Ehemann. München 1999

3. Kasper, Walter: Martin Luther. Eine ökumenische Perspektive, Mannheim, 2016

6. Lohse, Bernhard: Martin Luther. Eine Einführung in sein Leben und sein Werk, München, 1997

9. Lohse, Martin, Martin Luther- Eine Einführung in sein Leben und sein Werk, München 1983

5. White, Gould-Ellen, Der Konflikt, Backnang, 2009

b. Medien- und Internetquellen

13. Eißner, Tina, Martin Luther-Der Mann der Stunde,https://martin-luther.at/vom-kind-zum-moench/ (Letztes Abrufdatum: 14.12.2019)

12. Ebert, Martin, 500 Jahre Reformation. Martin Luther, https://www.luther.de/legenden/blitz.html (Letztes Abrufdatum: 14.12.2019)

10. Luthers reformatorische Entdeckung-damals und heute von Wilfried Härle, in Zeitschrift für Theologie und Kirche, Vol.99, No.3, September 2002, Seiten 278-295

11. Rechtfertigung und Freiheit. 500 Jahre Reformation 2017. Ein Grundlagentext des Rates der Evangelischen Kirche in Deutschland (EKD)

Alle Schrift ist von Gott eingegeben und nützlich zur Lehre, zur Zurechtweisung, zur Besserung, zur Erziehung in der Gerechtigkeit.

(2. Timotheus 3,16)

Toată Scriptura este insuflată de Dumnezeu şi de folos ca să înveţe, să mustre, să îndrepte, să dea înţelepciune în neprihănire,

(2. Timotei 3,16)

***

Mihai Udrea

udreamihaid@gmail.com

https://einvikarberichtet.blogspot.com/

Printed by Books on Demand GmbH, Norderstedt / Germany